AF570268

FOLIE ET POLITIQUE

Le théâtre de Falk Richter

Univers Théâtral

Collection dirigée par Anne-Marie Green

On parle souvent de « crise de théâtre », pourtant le théâtre est un secteur culturel contemporain vivant qui provoque interrogation et réflexion. La collection *Univers Théâtral* est créée pour donner la parole à tous ceux qui produisent des études tant d'analyse que de synthèse concernant le domaine théâtral.

Ainsi la collection *Univers Théâtral* entend proposer un panorama de la recherche actuelle et promouvoir la diversité des approches et des méthodes. Les lecteurs pourront cerner au plus près les différents aspects qui construisent l'ensemble des faits théâtraux contemporains ou historiquement marqués.

Dernières parutions

Jean-Benoit CORMIER LANDRY, *Bernard-Marie Koltès. Violence, contagion et sacrifice*, 2012

Nicole BERNARD-DUQUENET, *La Comédie-Française en tournée ou le Théâtre des cinq continents – 1868-2011*, 2012.

Rafik DARRAGI, *La société de violence dans le théâtre élisabéthain*, 2012.

Marianne NOUJAIM, *Le théâtre de Michel Vinaver. Du dialogisme à la polyphonie*, 2012.

Caroline BARRIERE, *Le théâtre de Koffi Kwahulé*, 2012.

Serpilekin Adeline TERLEMEZ, *Le théâtre innommable de Samuel Beckett*, 2012.

Michel BOSC, *Symbolisme et dramaturgie de Maeterlinck dans « Pelléas et Mélisande »*, 2011.

Franck WAILLE (sous la dir.), *Trois décennies de recherche européenne sur François Delsart*e, 2011.

Samar HAGE, *Bernard-Marie Koltès. L'esthétique d'une argumentation dysfonctionnelle*, 2011.

Elise VAN HAESEBROECK, *Identité(s) et territoire du théâtre politique contemporain, Claude Régy, le Groupe Merci et le Théâtre du Radeau : un théâtre* apolitiquement *politique*, 2011.

Françoise QUILLET, *L'opéra chinois contemporain et le théâtre occidental, Entretiens avec WU Hsing-Kuo*, 2011.

Françoise QUILLET, *Arts du spectacle, Identités métisses*, 2011.

Anne Ropers

FOLIE ET POLITIQUE

Le théâtre de Falk Richter

Préface de Stanislas Nordey

5-7, rue de l'Ecole-Polytechnique, 75005 Paris

http://www.librairieharmattan.com
diffusion.harmattan@wanadoo.fr
harmattan1@wanadoo.fr

ISBN : 978-2-336-00394-8
EAN : 9782336003948

Alles so still, grau, dämmernd; es wurde ihm entsetzlich einsam, er war allein, ganz allein, er wollte mit sich sprechen, aber er konnte, er wagte kaum zu atmen; es fasste ihn eine namenlose Angst in diesem Nichts, er war im Leeren, er riss sich auf und flog den Abhang hinunter. Es war finster geworden, Himmel und Erde verschmolzen in eins. Es war, als ginge ihm was nach, und als müsse ihn was Entsetzliches erreichen, etwas das Menschen nicht ertragen können, als jage der Wahnsinn hinter ihm.

Tout était tellement silencieux, gris, crépusculaire, il ressentit une solitude atroce, il était seul, complètement seul, il voulait se parler à lui-même mais il ne parvenait, il osait à peine respirer ; une angoisse sans nom l'étreignit dans ce néant, il était dans le vide, il s'arracha au monde et dévala la colline. C'était devenu sombre. Le ciel et la terre se fondaient en un tout. C'était comme si quelque chose le poursuivait et comme si une chose atroce allait l'attraper, une chose que les hommes ne sauraient supporter, comme si la folie le poursuivait.

Lenz de Georg Büchner cité dans *My Secret Garden*.

à l'aéroport je suis toujours le dernier à me rendre à la porte d'embarquement, j'aime ce moment où tout le monde est obligé de m'attendre, je savoure ce moment où mon nom résonne dans tous les haut-parleurs

JEAN PERSONNE
JEAN PERSONNE

et à côté de moi ces hommes qui commencent à s'énerver parce qu'ils vont arriver en retard

JEAN PERSONNE
JEAN PERSONNE

parce qu'ils ont tous peur,

CALLING JEAN PERSONNE

très lentement je me dirige vers la porte, porte 1, porte 2, porte 3, porte 4, je me retourne encore une fois, je regarde encore un peu les vitrines, porte 5, porte 6, porte 7, ils m'attendent, je le sais, c'est trop compliqué de redébarquer ma valise, porte 8, porte 9, porte 10, je reviens sur mes pas, je me rassois

JEAN PERSONNE
JEAN PERSONNE S'IL VOUS PLAÎT PORTE 17

ils arriveront tous en retard,
je ne cours plus,
quand je suis absent, tout le monde me remarque.

Jean Personne dans *Sous la glace*.

PRÉFACE

J'ai travaillé, une année durant, sur le matériau complet de l'œuvre de Falk Richter. C'était en 2008. L'enjeu était l'élaboration d'un spectacle créé au Festival d'Avignon et dont le titre était *Das System*. J'ai rencontré, au moment de la création en Avignon, l'auteur et lui ai fait part de mon désir de prolonger cette exploration à l'occasion d'un projet commun : ce fut la naissance de *My Secret Garden* au même Festival d'Avignon, 2010 cette fois. Nous rêvons aujourd'hui à la suite de cette collaboration à l'horizon 2014.

Après 20 ans de mise en scène consacrée de façon quasi exclusive aux auteurs contemporains, mon œil devient de plus en plus exigeant et de plus en plus affûté, aigu. J'attends d'un auteur qui écrit aujourd'hui une singularité dans la langue et le propos, une cohérence dans le mouvement de l'œuvre et un geste qui crée une forme de rupture avec la production déjà existante.

Quand j'ai commencé à lire Falk Richter, j'ai reconnu presqu'immédiatement ce triple mouvement : singularité dans la langue et le propos, une ligne claire et en même temps mouvante dans la construction d'une œuvre, une rupture avec les autres auteurs de sa génération. Le projet qu'il a initié en tant qu'auteur et metteur en scène (*Das System*) a achevé de me convaincre de l'incandescence de ce geste artistique.

Il y a chez Falk Richter un double regard : vers l'intérieur (nous sommes proches de l'autofiction, souvent) et vers l'extérieur (théâtre politique, récit quasi documentaire, harangue). Ce double regard crée une richesse pour le spectateur car elle le touche dans sa totalité, elle n'exclut rien et donc le processus d'identification du spectateur est total : il est touché de toutes parts et ce, parce que l'auteur dans cette surexposition qu'il met en jeu, prend tous les risques, se consume littéralement.

Au cours de cette année 2008 j'ai travaillé sur tous les textes de Falk, je les ai mis en répétition et j'ai été frappé par la façon dont il réutilisait parfois en se citant lui-même d'un texte à l'autre des pans entiers d'un texte précédent : l'un des exemples les plus limpides étant dans *Dérangement* l'insert d'une partie de *Jeunesse blessée*. C'est l'expression pour moi d'une écriture intimement liée à la construction d'un homme, c'est l'équivalent de l'écriture d'une vie. Il n'est possible de continuer à avancer que, parce que je m'appuie sur ce que je viens de vivre, je repars de là où je m'étais arrêté, je nomme à nouveau pour aller ailleurs.

Durant les répétitions de *Das System* j'ai demandé à Falk Richter s'il possédait des matrices, des premières versions de ses textes, des brouillons, j'avais l'intuition que cette singularité et cette force que je ressentais en le lisant s'appuyait sur une structure secrète. Il a commencé alors à m'envoyer des centaines de pages issues de son journal, de son autofiction plus précisément.

Ce matériau m'a éclairé et inspiré. Y figuraient à la fois des considérations personnelles (amoureuses, sexuelles), des réflexions sur son quotidien d'homme de théâtre (rapport aux acteurs, aux producteurs, etc.), un regard passionné sur le monde économique et politique, des morceaux de fiction, des débuts de pièces et aussi des fantasmagories.

Devant la richesse de ce matériau, j'ai proposé à Falk de créer consciemment et directement à partir de cette somme. Mon idée était celle d'un portrait. Utiliser cette somme de dix ans environ pour dresser le portrait d'un homme artiste jeune encore au début du 21ème siècle. Je suis acteur moi-même, et incarner la figure de Falk me semblait être l'occasion de dresser un portrait de moi-même.

L'autofiction et ses centaines de pages furent le matériel contre lequel nous nous sommes adossés pour construire

My Secret Garden mais Falk a véritablement écrit un texte neuf qui n'est pas une anthologie de textes choisis dans son autofiction.

Ce qui m'a frappé dans la rencontre avec cet auteur c'est son courage. Il avance me semble-t-il dans un contexte en Allemagne où ce qu'il écrit est hors norme, en dehors du cadre. En cela il me rappelle la sidération Heiner Müller. La cohérence de la succession de ses textes, l'obsession avec laquelle il revient à des thèmes et des formes tout en les dynamitant joyeusement et constamment me fait penser à ce que fut pour ma génération et j'imagine pour la précédente les décennies Heiner Müller.

Il s'avance sur un terrain miné car il échappe à tout formatage, c'est ce qui m'avait frappé dans le projet *Das System* tel qu'il l'avait posé dans ses intentions avant de le réaliser : un projet littéralement impossible, un projet fou, irréalisable; et d'ailleurs il ne put le mettre totalement en œuvre tel qu'il l'avait rêvé mais peu importe : l'ambition, l'utopie d'un tel projet suffisait déjà à la force du geste.

Aujourd'hui le fonctionnement des institutions théâtrales invite à la mesure et il y a de la part des auteurs et des metteurs en scène une forme d'autocensure qui tend à être première : on pense un mouvement d'écriture ou de mise en scène en partant du raisonnable et on s'interdit d'être déraisonnable, d'être à côté, irrécupérable.

La force subversive et donc revigorante, enthousiasmante de Falk Richter c'est qu'il se met en danger, qu'il emprunte des chemins de traverse, qu'il n'a pas peur des accidents, qu'il ouvre donc des voies nouvelles.

Stanislas Nordey

INTRODUCTION

La folie, telle qu'elle apparaît au théâtre des différentes époques historiques, a souvent été porteuse de messages essentiels et subversifs, rompant avec le discours majoritaire ou autoritaire.

Depuis quelques années, les pièces de théâtre qui convoquent la folie se multiplient. Elle y revêt différentes formes, parfois celle d'une maladie mentale, mais plus souvent celle d'un sujet en souffrance ou, d'une apparence plus diffuse, celle de mondes délirants, de la folie du monde.

Au cœur du théâtre de Falk Richter, auteur et metteur en scène allemand, se trouvent à la fois la folie et le politique au sens d'un questionnement et d'une critique du système actuel. C'est à travers cinq pièces de Richter que sera interrogé dans ce travail la place que la folie occupe dans le théâtre contemporain.

Dans notre système postmoderne et néolibéral, la folie ne semble plus avoir lieu d'être et son accueil au sein des structures psychiatriques et au sein de la cité est mis en péril par des injonctions d'efficacité et par une législation sécuritaire. Comme à l'époque classique, la folie est considérée à nouveau comme une négativité qu'il s'agit d'éradiquer, et le diktat du scientisme associé au discours néolibéral est érigé en norme. Le discours sécuritaire cantonne la folie à un danger qu'il s'agit de contrôler et surveiller.

Derrière la question de la folie qui semble être privée actuellement de son altérité fondamentale, c'est-à-dire de ce qui échappe aux protocoles préconçus, se profile une autre question étroitement liée au politique : celle de la place du sujet, qui est fragilisée dans le système où une gestion des écarts à la norme est au premier plan.

Mais c'est également à d'autres niveaux que la place du sujet est mise en péril, notamment au niveau de l'omniprésence des médias de masse, des nouvelles technologies. Le sujet contemporain est exposé à un flux continu d'images et de discours médiatiques. Ceux-ci semblent avoir un impact à la fois sur la construction du sujet et sur son lien avec autrui. Dans ce contexte, l'émergence d'une parole singulière caractérisant le sujet qui rompt avec la massification promue par le discours courant, est devenue problématique. Ainsi, la place du sujet apparaît très liée à la place réservée à la folie dans le système actuel.

Quelle place occupe alors la folie dans le travail de Falk Richter, dans les circonstances où la place de la subjectivité est devenue fragile et où la réalité, la fiction et le virtuel tendent à se confondre ? Quel est le lien de la folie avec le politique dans le théâtre de Falk Richter ?

Après avoir situé « l'écriture de plateau » de Richter dans le contexte contemporain, notamment celui du théâtre « pop », du théâtre politique allemand et du théâtre postdramatique, nous allons parcourir le champ de la folie pour y poser quelques jalons, et nous allons donner un bref aperçu de la place de la folie dans le théâtre contemporain. Nous allons cheminer ensuite par les pièces de Falk Richter dans lesquelles le rôle politique de la folie est central : *Electronic City, Unter Eis (Sous la glace), Ausnahmezustand (État d'urgence), Verletzte Jugend (Jeunesse blessée)* et *Die Verstörung (Dérangement)*.

Si, dans ses premières pièces, Richter introduit déjà la question du vacillement identificatoire des figures qui s'éprouvent elles-mêmes comme des personnages de fiction, il dépeint dans ces cinq pièces des années 2000 la folie comme une catastrophe surgissant dans un système marqué par le discours de l'efficience.

Dès lors, la folie, notamment celle de la construction délirante, permet-elle de rompre avec une standardisation des discours et d'indiquer une place pour le sujet ?

Il faut souligner que les pièces que Falk Richter crée de 2003 à 2009 s'inscrivent dans la période qui passe du « calme avant la tempête » jusqu'aux débuts de la crise financière et économique mondiale. Les mouvements de contestation et de révolte face à la crise engendrée par le système boursier, tels « Les indignés » et « Occupy Wall Street », n'étaient pas encore nés. Si la première décennie des années 2000 était une époque où les idéologies politiques et les critiques du système néolibéral semblaient avoir perdu toute légitimité et possibilité, dans le contexte actuel, de nouvelles ouvertures voient le jour.

Par ses pièces traitant de la folie et du politique, Falk Richter crée non seulement un théâtre radicalement critique mais aussi prémonitoire. Sismographe, il détecte les premières secousses des bouleversements à venir.

L'AUTEUR ET METTEUR EN SCÈNE AU CŒUR DU MONDE D'AUJOURD'HUI

Falk Richter est né en 1969 à Hambourg, en Allemagne de l'Ouest. Son père, qui a été soldat pendant la Seconde Guerre mondiale, fut un homme d'affaires influent au cours du « miracle économique » de l'après-guerre. Richter tente de rompre avec son milieu familial qu'il décrit comme un désert artistique dominé par l'idéologie de la réussite économique.[1, 2]

Après quelques expériences en tant que comédien et des études de philosophie et de linguistique, Richter s'est dirigé vers des études de mise en scène auprès de Jürgen Flimm à l'Université de Hambourg.

Son désir d'écriture est parti du point de vue qu'il avait à l'époque que les pièces de théâtre classiques étaient très éloignées de la réalité, c'est-à-dire qu'elles ne traitaient pas les problématiques du monde actuel. Il commença donc à écrire ses propres pièces qu'il mit en scène d'abord dans le cadre de l'université. Ceci ne plut pas à son professeur Jürgen Flimm qui réagissait en lui disant qu'il formait des metteurs en scène et non pas des auteurs.[3]

Dans *Portrait Image Konzept,* première partie de la trilogie *Kult,* montée en 1994 en collaboration avec la comédienne Bibiana Beglau dans le cadre de ses études, et jouée au Thalia Theater à Hambourg, il s'agit d'une

1. Stephan Ramming, « Theater ist der Ort des freien Gedankens », entretien avec Falk Richter et Schorsch Kamerun, *Die Schweizer Wochenzeitung,* déc. 2001, www.falkrichter.com.

2. Toutes les traductions ont été effectuées par nous-même, sauf mention contraire.

3. Bernd Stegemann, « Ein Gespräch mit Falk Richter zu seiner Regieausbildung in Hamburg », Berlin, février 2009, www.falkrichter.com.

animatrice de télévision dont les identités sont multiples, fictives et « sous influence » du monde médiatique. À l'époque, peu de metteurs en scènes allemands montaient leurs propres pièces. *Portrait Image Konzept* introduit une série de pièces qui - en se basant sur des éléments de la culture pop - montrent les identités vacillantes dans le monde des médias de masse. Ainsi, dans *Dieu est un DJ* (1999)[1], Richter expose « la vraie vie » sur scène : il s'agit d'un DJ et d'une animatrice de télévision qui mettent en scène leur vie de couple comme une performance. C'est son premier grand succès au niveau international. En 2000, Falk Richter est invité au « Berliner Theatertreffen » avec le spectacle *Nothing hurts* créé en collaboration avec la chorégraphe néerlandaise Anouk van Dijk. La pièce *Peace* (2000) inaugure une écriture aux thèmes plus explicitement politiques.

Dans ce travail, nous allons passer en revue les pièces de Richter qui furent créées entre 2003 à 2009 (de *Electronic City* à *Jeunesse blessée*).

Dans *Electronic City*[2] et *Sous la glace* (2004) il est question de l'influence de la logique d'efficacité qui règne dans le monde du travail : les protagonistes sont « les employés modernes d'un monde économique flexible et global »[3]. *Dérangement* (2005) et *État d'Urgence* (2007) abordent les conséquences de l'infiltration de cette même logique à tous les niveaux de la vie et de la société. Dans *Jeunesse blessée* (montée en français en février 2009 à Liège), il s'agit de personnes qui tentent de sortir du système.

---

1. Nous indiquons pour chaque pièce l'année de la première représentation et non pas celle de la publication du texte.
2. Présentée sous forme de lectures par Falk Richter et montée par d'autres metteurs en scène dont Hartmann en 2003 et Kühnel en 2004.
3. Barbara Engelhardt, « Mettre en scène sous la glace », entretien avec Falk Richter, *Alternatives théâtrales*, n.100, 2009.

Richter a également mis en scène des pièces d'autres auteurs contemporains comme Sarah Kane, Lars Norén, Caryl Churchill, Martin Crimp, Mark Ravenhill, Jon Fosse et des opéras, sans tourner le dos aux classiques comme Tchekhov et Schiller. De 2000 à 2004, il est metteur en scène associé au Schauspielhaus à Zürich, puis à la Schaubühne à Berlin jusqu'en 2011, et actuellement au Schauspielhaus à Düsseldorf où il crée *Büchner*, un montage de textes de l'auteur révolutionnaire. Depuis quelques années, Richter monte de plus en plus de pièces en langue française, en France et en Belgique : il a « composé » *My Secret Garden* (2010) avec Stanislas Nordey[1] au festival d'Avignon et le spectacle *Play Loud* en 2011 à Bruxelles. Avec *Trust* (2009), *Protect Me* (2010) et *Rausch-Control* (2012), il revient à son travail de collaboration avec la chorégraphe Anouk van Dijk. Il traduit également des pièces de théâtre d'auteurs contemporains.

Falk Richter peut être considéré comme un écrivain de théâtre et metteur en scène de la mondialisation. Son travail concerne les problématiques auxquelles les sujets de tous les pays industrialisés et post-industrialisés sont confrontés, indépendamment des différences culturelles qui semblent d'ailleurs s'estomper devant le dogme de l'efficacité économique. Richter semble donc atteindre une certaine universalité.

---

1. En 2008, Stanislas Nordey a adapté et mis en scène plusieurs pièces et textes de Richter sous le titre *Das System* au Festival d'Avignon et il a créé *Sept secondes/In God We Trust* au Théâtre du Rond-Point.

RICHTER ET LES ÉCRITURES CONTEMPORAINES DE THÉÂTRE

Le contexte allemand

Bien que le théâtre de Richter saisisse des problématiques qui ne sont pas propres à l'Allemagne, dans plusieurs de ses pièces transparaît en toile de fond ou en filigrane l'histoire de l'Allemagne, et en particulier la période du nazisme, comme la première barbarie industrialisée régie par la logique des chiffres. C'est dans deux pièces récentes, *My Secret Garden* et *Protect Me* (version allemande de la première), que Falk Richter aborde plus explicitement ce sujet, conjointement à la thématique autobiographique de sa relation à son père malade. Comme les parents de Richter ont grandi sous le nazisme – contrairement à ceux de la plupart des personnes de sa génération – ce passé reste encore très présent pour lui.

Richter commence à écrire pour le théâtre après la réunification de l'Allemagne. Au cours des années 1990, l'auteur dramatique est amené à occuper à nouveau un rôle important dans le processus de création des spectacles et dans l'institution théâtrale (notamment en tant que *Hausautor*, auteur associé à un théâtre). La phase du *Regietheater*, qui avait marqué depuis les années 1970 le théâtre en RFA où furent mis en scène surtout des pièces classiques, touche à sa fin.[1] Lorsque des écritures contemporaines et novatrices réapparaissent au milieu des années 1990, émerge à nouveau une fonction politique du théâtre allemand, tandis que l'époque précédente du théâtre

1. Emmanuel Béhague, *Le Théâtre dans le réel - formes d'un théâtre politique allemand après la réunification (1990-2000)*, Presses Universitaires de Strasbourg, 2006, p. 18.

politique en Allemagne, celle des années 1960/70, remonte déjà à assez loin.

Cette nouvelle écriture allemande de théâtre – qui se distingue de l'écriture de la période précédente tant par l'aspect formel que par les thèmes abordés – se caractérise par le fait qu'elle n'est plus première et définitive, close et fixe. Le texte, matériau pour la scène, est susceptible d'être modifié au cours du processus de création théâtrale. Il s'agit donc d'un « work in progress » au cours duquel le texte et la mise en scène sont générés simultanément. La source de cette tendance se trouve « dans la démarche même de relecture scénique des pièces qui fonde le *Regietheater* » ; celle-ci avait fait perdre au texte « une partie de son statut privilégié » au sein de l'œuvre théâtrale[1], il devint donc une sorte de « pré-texte » à la mise en scène. Au cours des années 1990 se produit un « véritable changement de paradigme dans l'écriture » théâtrale de langue allemande : dès lors, l'approche critique ne propose plus de modèle pour l'ensemble de la société mais elle porte « sur *un* aspect de la réalité contemporaine », c'est-à-dire que l'approche du réel est devenue fragmentaire.[2]

Tout en exposant les symptômes du dysfonctionnement de la société, l'écriture de Richter n'envisage plus le réel en tant qu'unité : « la fragmentarité textuelle » reflèterait « la fragmentarité du monde »[3]. Mais cette pratique de ré-flexion nous semble éminemment complexe à l'heure d'aujourd'hui. Ainsi, plutôt que de « simplement » refléter le monde, il s'agirait dans le travail de « bricolage »[4] de Richter de questionner les impossibilités de créer des reflets de la

1. *Ibid.*, p. 83.
2. *Ibid.*, p. 69.
3. *Ibid.*, p. 71.
4. Claude Amey, *Mémoire archaïque de l'art contemporain – littéralité et rituel*, L'Harmattan, 2003, p. 125.

complexité du monde. Ce serait alors par la démesure[1] formelle de son travail, qui broie constamment les frontières entre la réalité, la fiction et le virtuel, qu'il aborderait cette problématique. Chez Richter, « la fragmentation devient le principe esthétique en soi »[2]. Les fragments sont hétérogènes par la diversité des référents et des points de vue qui changent souvent.

> Les parties ne sont pas la métaphore ou la métonymie du tout. Le monde *est* cassé, et il est vain de se mettre en quête d'un quelconque effet de puzzle ou d'une loi ordonnatrice. Le monde n'est pas organisé, l'œuvre non plus, qui dit le désordre, le chaos, l'impossibilité de toute construction.[3]

Si chaque écriture théâtrale singulière manifeste une conception du monde et une réception spécifique de la réalité, la forme ouverte de la fragmentarité textuelle semble plus propice à l'expression de la réalité psychique inconsciente et du processus primaire freudien, tandis que la forme fermée, classique, du drame apprivoise le matériel « encombrant ». Parmi les auteurs dont le travail se rapproche de celui de Richter figurent notamment Rainald Goetz et Roland Schimmelpfennig.

Il s'agit pour la plupart des écritures de cette époque de se tourner vers le microcosme des conflits au sein de la famille et vers le vécu psychique du sujet face au système socio- économique actuel. Certaines pièces abordent le passage à l'acte criminel comme une manifestation obscure résistant à la rationalité des explications socio-psychologiques. Il ne semble pouvoir être appréhendé qu'en tant que déraison ou folie en lien avec la complexité du

---

1. Claude Amey, « De l'usage discontinu de l'œuvre d'art », in : Claude Amey et Jean-Paul Olive (dir.), *Fragment, montage-démontage, collage-décollage, la défection de l'œuvre ?*, L'Harmattan, 2004.
2. Jean-Pierre Sarrazac et al., *Lexique du drame moderne et contemporain*, Circé, 2005, p. 95, article de F. Baillet et C. Naugrette.
3. *Ibid.*

monde contemporain. Dans *Sous la glace*, *Dérangement* et *Jeunesse blessée* sont évoqués des passages à l'acte échappant à l'intelligibilité et qui apparaissent avant tout comme des ruptures avec le système néolibéral.

Dès la fin des années 1990 commence à émerger une « reconstruction d'une fiction dramatique » où des personnages ou une action interviennent à nouveau[1], ce qui signe un mouvement de retour, mais pas exactement au même : à une forme néo-dramatique. Chez Richter, il ne s'agit pas d'un retour car toutes ses premières pièces sont loin d'une forme dramatique classique ou moderne. *État d'urgence* et *Jeunesse blessée* semblent prendre de la distance avec l'écriture postdramatique fragmentaire. Elles se caractérisent par une action à minima mais dont la cohérence n'est souvent qu'apparente car Richter crée un jeu de confusion entre les niveaux de la réalité et de la fiction.

Le contexte européen

Dans la pièce *My Secret Garden* est évoqué le chemin parcouru par l'Europe depuis la Seconde Guerre mondiale jusqu'aux conflits actuels qui risquent d'ouvrir à nouveau des fissures, « avec une guerre, financière cette-fois »[2].

Le théâtre de Richter exprime le tragique contemporain caractérisé par l'impossibilité du sujet de s'extraire du système de la « toute-puissance de l'économique »[3] où le conflit entre le sujet et le monde est devenu improbable et éminemment complexe. Il se rapproche du travail de plusieurs auteurs et metteurs en scène européens : en

---

1. Emmanuel Béhague, *Le Théâtre dans le réel...*, *op. cit.*, p. 72.
2. Kristel Le Pollotec, « Villes-Mondes Berlin : entretien avec Falk Richter », *France Culture*, 16/10/2011.
3. Emmanuel Béhague, « Tragique de l'indistinction à l'heure de la new economy », *Alternatives théâtrales*, n. 100, 2009.

France, Michel Vinaver se penche sur le monde du travail et de l'entreprise, ainsi que Joël Pommerat, pour lequel l'intime et le politique sont étroitement liés : la pièce *Les Marchands* décrit « la nature même du travail comme vente partielle ou totale de son corps et de son 'temps de vie' »[1]. Ce « théâtre du réel » qui se focalise sur l'intime est le nouveau théâtre politique qui « aurait pris acte de ce qu'une structuration claire et descriptible de positions antagonistes est désormais impossible » et qui « n'abdiquerait pas devant la complexité du réel » en portant son regard vers le pulsionnel et la subjectivité.[2]

Le travail du suédois Lars Norén a des points communs avec celui de Richter dans le sens où cet auteur et metteur en scène a recours à la langue brute en tant que « retour du refoulé de la langue »[3] pour dire le réel : celui des marginaux, des fous, des exclus du système. Dans les pièces de Norén il s'agit souvent de la folie et du passage à l'acte, notamment dans *Le 20 novembre* où un adolescent annonce un massacre. Ainsi, chez Norén, le discours fou échappe à l'intelligibilité socio-psychologique et il tente de rompre avec le système, ce qui est également le cas chez Richter, surtout dans *Sous la glace* et *Jeunesse blessée.*

Richter a été influencé par le « théâtre de la catastrophe » britannique, d'Edward Bond et de Sarah Kane[4], qui se caractérise également par la dimension contemporaine du tragique face au système néolibéral. Dans ce contexte, la catastrophe, privée de toute « capacité conclusive »[5], reste

---

1. Yannic Mancel, « L'entreprise comme personnage », *Alternatives théâtrales*, n. 100, 2009.
2. Nancy Delhalle, « Poétique du réel et théâtre politique », *Alternatives théâtrales, op. cit.*
3. Georges Banu, « La langue brute, un effet de réel ? », *Alternatives théâtrales*, n. 94/95, 2007.
4. En 2001, Richter a mis en scène la pièce *4.48 Psychose* de Kane et l'opéra *We come to the river* de Henze d'après le livret de Bond.
5. Jean-Pierre Sarrazac et al. (dir.), *Lexique..., op. cit.*, p. 39, article de H. Kuntz, C. Naugrette et J.-L. Rivière.

hors sens. Au cœur du travail de ces auteurs, comme de celui de Richter, le thème de la folie est étroitement lié au politique. La folie du sujet, le délire, rompt avec le discours courant, elle a donc une fonction politique dans le sens où elle introduit une réflexion sur la « folie sociale »[1] du système actuel. La pièce *Dérangement* de Richter dépeint un monde apocalyptique et délirant où le sujet se retrouve seul face à des successions de catastrophes.

1.Edward Bond, *La Trame cachée*, L'Arche, 2003, p. 135.

L'ÉCRIVAIN DE PLATEAU

Si l'écriture de Falk Richter a plusieurs points de départ, son premier moteur, le plus immédiat, est sa « colère »[1], comme le souligne Anne Monfort, traductrice des pièces de Richter et metteure en scène. Dans *My Secret Garden*, il est question de la colère comme motif d'une révolte et qui n'est pas acceptée dans la société d'aujourd'hui, car elle est considérée comme une faille du sujet. L'histoire personnelle de Richter intervient beaucoup dans cette pièce, comme dans *Sous la glace* qu'il a rédigée en partant d'un texte où figurent ses souvenirs d'enfance.[2] Son journal « Autofiction »[3] porte en germe plusieurs pièces de théâtre écrites ultérieurement.

Les événements du monde actuel, notamment ceux des médias, des guerres et du contexte économique, ont une grande importance pour Richter, qui y réagit rapidement par l'écriture (notamment les pièces *Peace* et *Sept secondes* où il s'agit de guerre, celle du Kosovo et celle d'Irak). Souvent, il anticipe même certaines évolutions de la société. Dans ses premières pièces « prémonitoires », dont *Kult*, il aborde l'exhibition de l'intime dans les médias de masse avant l'apparition de l'émission *Loft Story* et des réseaux sociaux sur internet, et sa pièce *Sous la glace* de 2004 semble pronostiquer la crise financière, le crash, survenu quelques années plus tard. Richter se base beaucoup sur des matériaux documentaires, ce qui lui permet d'appréhender la complexité du discours économique s'infiltrant dans tous les champs de la société.

1. Entretien avec Anne Ropers le 27/10/09 à Paris.
2. « Si on s'écrase maintenant, on meurt de froid avant même d'atteindre le sol », monologue écrit pour le festival *FIND*, trad. Anne Monfort, www.falkrichter.com.
3. Trad. Anne Monfort, www.falkrichter.com.

Katrin Ullmann, dramaturge et critique de théâtre, souligne que le travail de mise en scène de Richter

> influence, conditionne son travail comme auteur. Et inversement. Quand le metteur en scène Richter rencontre un nouveau texte, son moteur est souvent l'imagination de sa propre écriture. Et les textes théâtraux de Richter se meuvent toujours au plus près de la langue vraiment parlée, certains semblent même nés de souvenirs de répétitions, de travail avec les comédiens.[1]

Richter associe étroitement son travail littéraire à la direction d'acteurs.[2] Parfois, il fait intervenir les comédiens comme des co-auteurs et la frontière entre les comédiens et les figures des pièces s'estompe. Dans *Nothing Hurts* celles-ci portent les noms des comédiennes de sa mise en scène.

Tous les niveaux artistiques interagissent chez Richter. Il conçoit son écriture comme un matériel susceptible d'être retravaillé et qui intervient dans la mise en scène au même titre que les autres contributions artistiques comme le jeu des comédiens, les projections vidéo, la musique et le son. Davantage que des « œuvres de pères en littérature »[3], Richter s'est inspiré du travail de vidéastes et de musiciens lorsqu'il a commencé à écrire pour le théâtre. Il aborde la parole comme une musique en se centrant sur la sonorité et le rythme. L'équivocité des mots est mise en avant, ce qui ouvre le sens et la musicalité n'apparaît pas seulement dans la musique – dans plusieurs pièces figurent des morceaux de musique, notamment dans *Jeunesse blessée* – mais elle imprègne l'intégralité des pièces.

---

1. Katrin Ullmann, préface de *Unter Eis - Stücke* de Falk Richter, Fischer Verlag, Francfort, 2005, trad. Anne Monfort, www.falkrichter.com.
2. Anne Monfort, « 'Sous la glace' de Falk Richter », in : Falk Richter, *Unter Eis / Sous la glace*, Presses universitaires du Mirail, Toulouse, 2006.
3. Joëlle Gayot, « On est face à une génération politique qui se met en scène de façon théâtrale », entretien avec Falk Richter, *Ubu – scènes d'Europe*, n. 43/44, 2008.

Dans le processus de création du spectacle, l'écriture du texte n'est pas toujours première. Elle n'est pas immuable chez Richter mais en évolution constante, de la même manière que la mise en scène. Cette forme de « work in progress » fut poussée le plus loin dans son projet *Das System* à la Schaubühne à Berlin.

Nous pouvons qualifier le travail de Richter d'« écriture de plateau », définie par le philosophe et critique de théâtre Bruno Tackels et repris par Anne Monfort.[1] Dans une grande proximité avec le « plateau », l'écriture, non seulement textuelle, est au centre du processus de création :

> L'écriture, et éventuellement la narration, y sont assumées par la mise en scène au sens large, c'est-à-dire par l'ensemble des médias constituant le spectacle.[2]

L'écriture et la mise en scène se chevauchent et il convient plutôt de « parler de texte au sujet de l'ensemble du spectacle et non uniquement de la parole »[3].

Mais l'écriture – au sens strict – et la mise en scène entrent aussi parfois en concurrence chez Richter. Il souligne à plusieurs reprises que, dans son activité théâtrale, l'écriture a une place centrale, et dans son journal « Autofiction »[4] il regrette que son travail de mise en scène se fasse au détriment de l'écriture.

---

1. Anne Monfort, « Après le postdramatique : narration et fiction entre écriture de plateau et théâtre néo-dramatique », *Trajectoires*, 3, 2009, http://trajectoires.revues.org/392.
2. *Ibid.*
3. Anne Monfort, « Théâtre et langage cinématographique : correspondance ou superposition des signes ? », in : Edwige Brender et al. (dir.), *À la croisée des langages. Textes et arts dans les pays de langue allemande*, Presses de la Sorbonne Nouvelle, 2006.
4. Richter écrit qu'il a l'intention d'arrêter le « bazar théâtral » afin de consacrer plus de temps à l'écriture (www.falkrichter.com).

QUEL THÉÂTRE POLITIQUE ?

De nombreux critiques ont qualifié le travail de Richter, notamment celui d'avant 2000, de « théâtre pop ». En effet, ses premières pièces sont marquées par la culture pop - au sens du populaire et des médias de masse - comme par exemple dans le choix des personnages (DJ, animatrice de télévision, etc.) et des moyens d'expression (projection vidéo et musique électronique). Mais cette étiquette « pop » fut réductrice, car ces pièces, dont *Kult* et *Dieu est un DJ*, étaient déjà politiques. Elles peuvent être considérées comme une forme de théâtre engagé qui décrit et analyse les processus en jeu dans la société médiatique actuelle : le sujet y est dépossédé de sa propre essence qui lui apparaît comme étrangère et se retourne contre lui dans le spectacle médiatique.[1]

L'écriture de Richter est imprégnée de la présence de caméras qui apparaissent parfois comme des personnages. Elle est rythmée par les nouvelles technologies : souvent il « zappe » d'une scène à l'autre. La vidéo-projection, les caméras et l'écran d'ordinateur ne constituent pas des simples ajouts au décor mais leur présence s'impose car ils sont indissociables de la vie du sujet contemporain dont la relation à l'autre passe souvent par eux. Ceci est valable également pour la place de la musique dans les pièces de Richter. De la même manière que les médias des images, celle-ci est devenue omniprésente, « illimitée » et reproductible : elle envahit autant l'espace social que l'espace psychique du sujet. Comme pour le théâtre de la « Nouvelle subjectivité »[2] en RDA dans les années 70/80, les premières pièces de Richter, étiquetées « théâtre pop », se

1. Jacques Rancière, *Le Spectateur émancipé*, La fabrique éditions, 2008.
2. Terme appliqué au courant littéraire qui, alors, dans toute l'Allemagne, se caractérise par un intérêt pour l'individu et la sphère privée.

caractérisent par un recentrage sur la vie intime, psychique. Mais chez Richter il s'agit d'un patchwork d'identités empruntées, d'une subjectivité fragmentée.

L'« apparent apolitisme a [...] une forte portée politique »[1] et en recourant aux moyens artistiques issus de la culture pop, Richter « effectue un dépassement de la pop par la pop elle-même »[2]. Il s'agit donc, comme le suggère le philosophe Bernard Stiegler, de se servir des nouveaux médias, qu'il appelle « psychotechnologies », au lieu de les condamner en disant qu'ils « représentent le capitalisme industriel ». Ces « armes spirituelles » pourraient ainsi « devenir des dispositifs de production de sublimation » au lieu de détruire notre désir et notre subjectivité.[3]

Auteur-metteur-en-scène, Richter se meut au plus près des problématiques du monde contemporain. Il interroge le fonctionnement des médias et le dogme de l'efficacité qui semblent conduire à la dissolution de l'identité et à la solitude du sujet - ceci dans un contexte de la mondialisation et du militarisme. L'engagement politique est au cœur du travail théâtral de Richter pour qui seul le théâtre peut avoir une fonction d'analyse critique contrairement à la télévision qui ne peut que reproduire le système :

> Le théâtre doit révéler les stratégies de mise en scène qui existent hors du théâtre, dans ce qu'on appelle le monde réel.[4]

1. Florence Baillet, *L'Utopie en jeu - critiques de l'utopie dans le théâtre allemand contemporain*, CNRS éditions, 2003, p. 64.
2. Anja Dürrschmidt, « Alles eins im Technoland ? Über Texte von Falk Richter und Rainald Goetz », www.falkrichter.com.
3. Bernard Stiegler, « Contrôle et culture des individus », in : Nicolas Truong (dir.), *Le Théâtre des idées*, Flammarion, 2008.
4. Entretien entre Falk Richter et Richard Sennett, « J'ai vécu le Forum Economique Mondial comme une sorte de théâtre », *DU-Magazin*, fév. 2003, trad. Anne Monfort, www.falkrichter.com.

Richter souligne que ses pièces

> ne véhiculent aucun message politique clair en tant que tel. [...] il n'y a ni Bien, ni Mal, seulement les rouages d'un système, et des êtres qui y tournent sur eux-mêmes, à la fois bourreaux et victimes.[1]

Mais plus récemment, il fait remarquer qu'il s'intéresse avant tout à l'idéologie de ceux qui sont au pouvoir, notamment les élites de la finance, et la façon dont elle agit sur notre pensée et notre société.[2]

> La dimension critique du théâtre présuppose tout d'abord l'existence d'un sujet, origine du regard porté sur le monde, et conçu comme susceptible d'élaborer un discours critique.[3]

La question se pose alors de la manière dont on peut créer un lien entre le théâtre et la réalité dans un contexte où il est problématique d'avoir recours aux notions de « réalité » et de « sujet ». Elles ne semblent plus constituer des référents stables et le discours critique peine à s'appuyer sur les idéologies permettant une critique sociale.

Au cours des années 1990, le questionnement sur un possible lien entre le théâtre et la réalité et donc d'un théâtre politique réémerge en Allemagne. Le contexte dans lequel évolue Richter se distingue fortement des périodes de refondation d'un théâtre politique à visée didactique que furent notamment les années 1920 et 1960. Heiner Müller avait annoncé dès 1977 la fin du théâtre didactique intervenant comme instance critique :

1. Jean-Louis Perrier, « Le système en procès », *Mouvement*, n. 48, 2008.
2. Kristel Le Pollotec, *op. cit.*
3. Emmanuel Béhague, *Le Théâtre dans le réel...*, *op. cit.*, p. 106.

> Je pense qu'il nous faudra dire adieu à la pièce didactique d'ici le prochain tremblement de terre.[1]

Le théâtre didactique, tel qu'il fut envisagé notamment par Brecht, Piscator (théâtre épique) et Weiss (théâtre documentaire), nécessite la présence d'un sujet pouvant agir sur l'histoire et sur la réalité envisagée comme un référent fixe. Le travail de théâtre politique de Richter comme celui des autres écrivains de théâtre allemands des années 1990/2000 - donc après la réunification - se caractérise par un rapport complexe à la réalité qui se distingue de celui développé par le philosophe Georg Lukács dans sa théorie marxiste du reflet.[2] En effet, dans la société contemporaine, la réalité ne peut plus être conçue comme objective, mais comme étant construite par le sujet. Déjà dans le théâtre expressionniste, la réalité correspondait aux reflets du conflit psychique d'un sujet.

La remise en question de la réalité est accentuée par l'évolution technologique. La circulation de l'information, en particulier de l'image reproductible, s'accélère, ce qui entraîne une modification de la perception subjective du temps et de l'espace. L'omniprésence des images qui véhiculent un « réel sans origine ni réalité »[3] amène une confusion entre le vrai et le faux. Cette dissolution de la réalité est un des symptômes de la crise de la représentation tant scénique que politique. Ceci amène également une remise en question du sujet comme acteur de l'histoire. Ainsi, il semble essentiel pour le théâtre d'aujourd'hui, s'il veut persister à être une instance critique, de situer au cœur de son travail les interrogations sur la

---

1. Heiner Müller, *Hamlet-Machine, Horace, Mauser, Héraclès 5 et autres pièces*, Les Éditions de Minuit, 1985, p. 68
2. Celle-ci postule que les œuvres d'art reflètent les faits sociaux.
3. Jean Baudrillard, « Simulacres et simulation », Paris, 1981, p. 10, cité par Béhague, *Le Théâtre dans le réel..., op. cit.*, p.120.

place du sujet et les diversités des discours – et non pas un discours idéologique univoque.
Piscator, Brecht et Weiss se sont basés dans leur travail sur une perspective marxiste qui vise à rendre visible l'aliénation de l'homme au système économique. Le contexte culturel de la génération de Falk Richter, et surtout de la première décennie de 2000, où les grands discours idéologiques semblaient avoir perdu leur crédibilité voire leur légitimité, est radicalement différent. Mais il faut souligner que depuis quelques années, en particulier depuis le début de la crise financière mondiale de 2008, la pertinence des idéologies, notamment celle de la théorie marxiste, est réinterrogée.

Si Piscator et Brecht ont tenté de faire du théâtre une instance politique et dynamique dans le corps social, c'est par deux voies différentes.

Piscator se concentre surtout sur l'esthétique et les aspects techniques, en particulier l'introduction de films documentaires comme garants de la réalité ainsi que le montage. Il vise à rendre visible l'aliénation du spectateur, comme membre du corps social, au système. Par sa revue politique, où le collectif prime sur le singulier, Piscator tente d'« expliquer le destin des individus par les facteurs historiques généraux »[1]. Il s'agit ainsi d'éveiller la conscience de classe du spectateur, notamment du prolétaire. Piscator se focalise sur la fonction sociale de l'homme, à qui il s'adresse comme à un « être politique ». Il conçoit un effet direct des spectacles sur l'action politique dans la cité qu'il tente donc de stimuler.

Brecht s'arrête sur tous les niveaux de l'activité dramatique. Il envisage ses spectacles comme l'étude du fonctionnement de la société. S'il s'agit également pour Brecht d'attirer l'attention du spectateur sur son aliénation

1. Erwin Piscator, *Das politische Theater,* Berlin, 1927, p. 150, cité par Peter Szondi, *Théorie du drame moderne – 1880-1950,* trad. P. Pavis, L'Âge d'Homme, Lausanne, 1983, p. 96.

sociale, il vise avant tout à éveiller son sens critique. Le spectateur ne se réduit pas à être le récepteur du message du moi épique. Brecht considère que chacun reçoit le spectacle d'une manière différente et il ne s'adresse donc pas au public comme à une « masse uniforme »[1]. Il propose ainsi au spectateur - notamment par le biais de la distanciation - de porter un regard neuf sur les évidences du fonctionnement de la société et de se bâtir sa propre vision du monde. Le théâtre de Brecht est dialectique dans le sens où il vise à « déclencher chez l'homme le processus de réflexion qui le conduit à devenir acteur dans la communauté humaine »[2].

Brecht et Piscator ont mis de côté la question de la folie dans leur travail théâtral et ils se basent sur l'idéal de la rationalité, c'est-à-dire sur l'idée que tout phénomène - social en l'occurrence - devrait être intelligible et saisissable par la raison. Le théâtre de Peter Weiss introduit une critique des médias de masse et cherche à susciter un retour du refoulé du passé allemand du nazisme. La folie comme véhicule ou fonction politique y occupe une place centrale, en particulier dans les pièces *Marat/Sade* et *Hölderlin*.

Falk Richter se base sur les écrits théoriques de Brecht et particulièrement sur l'idée que les metteurs en scène et les comédiens « doivent adopter une attitude critique vis-à-vis de la société et exprimer celle-ci d'une manière divertissante »[3]. Son engagement politique consiste à amener le spectateur à une critique et à une réflexion. En prenant parti contre la vision manichéenne ou binaire du monde, véhiculée notamment par la télévision et les autres médias de masse ainsi que par les hommes politiques,

1. Bertolt Brecht, « Neue Technik der Schauspielkunst », in : Bertolt Brecht, *Gesammelte Werke 15 - Schriften zum Theater I*, Suhrkamp, Francfort, 1968.
2. Emmanuel Béhague, *Le Théâtre dans le réel...*, *op. cit.*, p. 113.
3. Falk Richter, « Brecht-Jubiläum - Theater ist wie guter Sex », *Die Welt*, 10/08/2006.

Richter tente de changer et de complexifier les pensées et les façons de voir la réalité[1]. Ainsi, on peut considérer son travail comme un héritage de Brecht : il s'agit bien d'une forme d'esthétique dans laquelle le questionnement est central. Selon Richter, le théâtre permet de créer des

> récits grâce auxquels nous pouvons comprendre cette vie ou des récits nous permettant de développer des idées sur la manière dont nous pouvons opposer un autre système au système actuel qui prétend être le meilleur qui puisse exister et le seul qui soit possible.[2]

Mais dans la société actuelle, la distanciation provoquée chez le spectateur ne fonctionne plus car elle est « devenue une part du quotidien » : En effet, l'esthétique publicitaire, véhiculée par les médias, « distancie notre image du monde »[3]. C'est pourquoi Richter met en œuvre un théâtre « politique de la perception »[4]. Il s'agit d'impliquer le spectateur et d'aller à l'encontre de l'indifférence et de l'irresponsabilité avec lesquelles il reçoit les images des nouvelles technologies, du fait de la distance entre lui et les images.

Cette nouvelle forme de théâtre cherche donc à provoquer un dessillement du spectateur, et non pas à introduire une distance qui existe déjà entre l'image et le téléspectateur et qui fait écran à la sensibilité du spectateur, à son *aisthèsis*. Le démontage des conventions dramatiques va dans le sens de remettre en cause la représentation dans la société actuelle et les moyens de celle-ci. Richter s'est inspiré de la pratique brechtienne de la rupture entre le

---

1. Anja Dürrschmidt, « The world outside is real », entretien avec Falk Richter, *Theater der Zeit*, 10/2001.
2. Falk Richter, « Theater und Politik - was könnte politisches Theater sein in unserer Zeit », www.falkrichter.com.
3. Entretien entre Falk Richter et Richard Sennett, *op. cit.*
4. Hans-Thies Lehmann, *Postdramatisches Theater*, Verlag der Autoren, Francfort, 2005, p. 469.

comédien et le personnage en la poussant « jusqu'à l'excès » pour développer sa fragmentation des identités chez les figures apparaissant dans ses pièces.[1] Il retient donc de la distanciation de Brecht avant tout la pratique de rupture et de démontage tout en impliquant fortement le spectateur. Plus encore qu'aux pièces de Brecht, Richter s'intéresse au regard que celui-ci porte sur la société.[2]

Le travail de Richter s'inscrit dans le cadre du nouveau théâtre allemand engagé, du théâtre du donné brut, qui amène le spectateur à affronter le réel. Néanmoins, dans l'écriture de plateau de Richter, une certaine narrativité, avec des narrations enchevêtrées ou échouées, est présente. Les écritures du « théâtre du réel » situent leur dimension politique dans le traitement réservé à la représentation du monde. Leur objet correspond au caractère indicible du réel.

> La non-représentabilité du monde, corrélat d'une remise en question des notions centrales de sujet et de réalité [...] constitue un enjeu critique pour l'écriture.[3]

Cette forme de théâtre politique réexamine donc « les catégories même de la représentation à la fois comme fait social et comme mouvement de construction signifiante du monde par le sujet »[4]. Mais Richter se penche également sur la manière dont ces catégories de représentation, notamment celles de la langue, construisent et déconstruisent le sujet lui-même. Il atteint sa visée politique avant tout par une analyse de la langue : celle de l'économie, infiltrant tous les niveaux de la vie, ainsi que son propre langage.[5]

---

1. Bernd Stegemann, « Ein Gespräch mit Falk Richter... », *op. cit.*
2. Kristel Le Pollotec, *op. cit.*
3. Emmanuel Béhague, *Le Théâtre dans le réel...*, *op. cit.*, p. 300.
4. *Ibid.*, p. 301.
5. Anne Monfort, « 'Analyse und Erkenntnis : das kann nur das Theater' », in : Ch. Klein (dir.), *Théâtre et politique dans l'espace germanophone contemporain*, L'Harmattan, 2009.

Le travail de Richter semble se rapprocher de l'idée d'Adorno, que Heiner Müller rejoint :

> L'art ne peut représenter que le négatif de l'utopie, sous peine de la détruire.[1]

Les mondes apocalyptiques et froids dépeints dans les pièces de Richter apparaissent comme une forme de « dystopie », c'est-à-dire une utopie négative, une inversion de l'utopie qui devient une catastrophe tout en tentant de maintenir la dimension utopique. D'après le philosophe Jan Bloch, les dystopies ont un double caractère : « d'une part, elles peuvent correspondre à un diagnostic nihiliste de l'avenir, d'autre part, la représentation de la liberté niée peut justement ouvrir un horizon utopique ». La dystopie refuse de représenter positivement l'utopie, « mais grâce à cette remise en cause, grâce à l'effet de choc qu'elle produit, elle engendre une volonté de changement » : En montrant une représentation catastrophique de la réalité, « correspondant au volet critique de l'utopie, [...] le spectateur, révolté, est censé forger lui-même son contre-modèle et élabore alors le volet positif de l'utopie, laquelle ne serait ni affirmée, ni dictée. »[2]

Ainsi, l'utopie est confiée au public, comme dans le théâtre politique en RDA qui est décrit comme un laboratoire de l'imagination sociale par Heiner Müller. Le contexte dans lequel écrit Richter et celui de la RDA sont différents, malgré quelques parallèles : notamment la difficulté du sujet à pouvoir faire entendre son discours singulier, c'est-à-dire des souffrances de la subjectivité qui résultent des deux systèmes.

1. Florence Baillet, *op. cit.*, p. 97.
2. *Ibid.*, p. 48.

RICHTER ET LE THÉÂTRE POSTDRAMATIQUE

Dans les pièces de Falk Richter, il s'agit de l'homme contemporain, marqué par le « zapping » et l'émergence d'internet, l'homme flexible, et « dénoyauté » ; c'est justement ce que lui reprochèrent ses professeurs à l'université. Ils lui demandèrent alors : « Où est le personnage, où est le motif, où est l'action ? »[1] ou bien : « Où est le noyau de la figure ? »[2] Richter parle dans ses pièces de l'impossibilité que nous avons de répondre à ces questions dans le contexte du monde actuel marqué par le divertissement des nouvelles technologies.

Dans la continuité de la voie engagée par Brecht, les expressionnistes et Beckett, Richter poursuit les remises en cause et démontages des notions caractérisant le drame classique : la fable, les personnages, etc. Dans *Electronic City*, il supprime « les frontières entre le personnage, le rôle et la personne du comédien et il remet en question les frontières entre la réalité et la fiction »[3]. Il semble ainsi envisager le théâtre comme « le miroir et le laboratoire » de la complexité et de « l'opacité du monde et du réel »[4].

Comme d'autres auteurs et metteurs en scène postdramatiques (notamment René Pollesch), Richter va à l'encontre de l'esthétique majoritaire et télévisuelle en se basant sur le jeu des contrastes. Dans ses spectacles, il peut passer brusquement d'un collage de textes du monde télévisuel caractérisés par un rythme rapide à des moments marqués par la concentration et par des émotions qui n'ont

1. Anja Dürrschmidt, « Zwischen Kammerspiel und Multimedia », *Werk-Stück. Regisseure im Porträt*, Theater der Zeit, Arbeitsbuch, 2003.
2. Bernd Stegemann, « Ein Gespräch mit Falk Richter », *op. cit.*
3. Katrin Ullmann, *op. cit.*
4. Christian Biet et Christophe Triau, *Qu'est-ce que le théâtre ?*, Gallimard, 2006, p. 793.

pas l'air usées ni « samplées ». Il ne s'agit donc pas d'un simple reflet du monde imprégné par le rythme des nouvelles technologies, mais Richter rompt celui-ci en introduisant un autre rythme qui semble faire référence à la subjectivité.

Selon Lehmann, c'est la présence des nouveaux médias de masse dans le quotidien à partir des années 1970, qui contribue à l'émergence du « théâtre postdramatique » qu'il définit comme « une nouvelle forme de discours théâtral » aux apparences multiples[1]. Ce discours est à entendre comme un réseau de signifiants ; il ne se réduit donc pas à la parole ou au texte écrit. L' « écriture de plateau » de Richter s'inscrit dans cette logique esthétique où le texte dramatique perd son statut prédominant. Cette forme de théâtre prend des risques en rompant avec de nombreuses conventions, notamment en se détournant de la pratique de l'illusion où le texte structuré en drame fut central.

> L'adjectif 'postdramatique' désigne un théâtre qui est amené à agir au-delà du drame, dans une époque qui est « postérieure » à la validité du paradigme du drame au théâtre.[2]

Les mises en scène de Richter sont des spectacles de multimédia où les projections vidéo et la musique électronique sont fondamentales. Falk Richter recourt aux formes artistiques et aux divertissements médiatiques nouveaux tout en les critiquant et les analysant. D'après Anne Monfort, le théâtre de Richter se caractérise par un style du théâtre postdramatique, l'esthétique « cool fun »[3] définie par Hans-Thies Lehmann :

> Là, le théâtre singe, reflète l'immédiateté suggérée par les médias omniprésents, mais cherche en même temps une autre

1. Hans-Thies Lehmann, *Postdramatisches Theater, op. cit.*, p. 23.
2. *Ibid.*, p. 30.
3. Anne Monfort, « 'Sous la glace' de Falk Richter », *op. cit.*

> forme de sub-public où la mélancolie, la solitude et le désespoir sont perceptibles derrière une apparence de gaieté. [...] On aurait peine à trouver quelque action dramatique, mais plutôt l'imitation ludique de scènes et de constellations tirées de romans policiers, de films ou de séries télévisées. Si action il y a, c'est pour montrer son manque d'intérêt.[1]

On peut mettre en relation le phénomène du théâtre postdramatique avec la disparition des spécificités de l'écriture dramatique, dans le sens d'une forme particulière de textes destinés à être mis en scène au théâtre. Dès lors, il semble difficile de saisir en quoi un texte de théâtre se distingue des autres créations littéraires. Dans le théâtre postdramatique, le langage devient un objet en soi. Le texte n'est donc plus porteur des dialogues entre les personnages.

> Davantage le désir que le vœu conscient et davantage le 'sujet de l'inconscient' que le 'moi' s'expriment ici.[2]

Libéré de la peau des conventions du « bel animal » aristotélicien[3] et du drame, le théâtre postdramatique exprime « l'inconscient à ciel ouvert » de la psychose ou du rêve (Freud). Dans les drames classiques et modernes marqués par une censure, c'est-à-dire par des normes esthétiques, par une structure et par des conventions strictes, l'expression de l'inconscient semble rester à l'arrière-plan. Parfois elle est circonscrite, notamment lorsque des délires et des rêves sont introduits dans une structure du drame classique ou moderne. Tandis que dans le théâtre postdramatique, l'inconscient se manifeste à plusieurs niveaux : dans sa structure, sa langue, et ses thèmes.

---

1. Hans-Thies Lehmann, *Postdramatisches Theater, op. cit.*, p. 214/215.
2. *Ibid.*, p. 15.
3. Aristote, *Poétique*, Le Livre de poche, 2002.

Selon Lehmann, le théâtre postdramatique a recours à la métaphore du « monde délirant sans avenir »[1]. Mais s'agit-il seulement d'une métaphore ? Ce monde délirant n'indique-t-il pas plutôt la manière dont le sujet contemporain, l'« être-parlé »[2], est traversé dans son errance par une multitude de discours émanant notamment des nouveaux médias ?

> Les figures, images et mots se sont détachés de leur référent, les surfaces brillent indépendamment, se reflètent entre elles et s'élèvent pour devenir des réalités apparentes dépourvues d'une essence quelconque.[3]

Le monde kaléidoscopique de Richter semble se rapprocher de celui de la psychose. Il est caractérisé par la solitude et l'errance du sujet face à « la réversibilité permanente des miroirs déboussolés »[4].

Comme d'autres auteurs et metteurs en scènes postdramatiques, Richter interroge les changements qui se produisent au niveau psychique dans la construction de l'identité chez le sujet ainsi qu'au niveau de la communication sociale sous l'influence des technologies de l'information. Ses pièces sont constituées de fragments qui se recoupent et qui se croisent, et parfois elles se recoupent également entre elles : dans *Jeunesse blessée* figurent plusieurs fragments de *Dérangement*. Richter se met donc en abyme lui-même.

Toutes ses pièces se réfèrent directement au monde présent et à l'actualité. Particulièrement dans ses premières pièces que Richter met en scène, la critique et le questionnement sur le manque d'authenticité et de

---

1. Hans-Thies Lehmann, *Postdramatisches Theater*, *op. cit.*, p. 395.
2. Anne Monfort, « 'Analyse und Erkenntnis...'», *op. cit.*
3. Ulrich Seidler, « Du sollst dir keinen Begriff machen », *Stück-Werk 3. Neue deutschsprachige Dramatik*, 2001, www.falkrichter.com.
4. Franck Chaumon et Catherine Machet (dir.), *Inactualité de la folie*, Harmattan, 1999, p. 12.

cohérence chez le sujet contemporain se traduisent au niveau des comédiens par un jeu avec des identités et des images qui changent en permanence, allant à l'encontre de l'authenticité du personnage.

> L'authenticité était devenue une grandeur vide - au théâtre comme dans le monde extérieur.[1]

Par le jeu des comédiens, Richter tente de montrer cette « non-authenticité, de rendre le jeu visible et ainsi, malgré cela, d'atteindre une sorte d'identité ». Il se caractérise par un « rythme rapide, des ruptures, de la labilité et par l'artificiel », et par des longs monologues.[2] Les comédiens sont toujours en mouvement et l'enregistrement vidéo de leur image agrandie est projeté. Il n'y a pas d'action continue.

Tant au niveau de l'écriture que de la mise en scène, les personnages n'ont aucune identité constante. Il s'agit plutôt de figures qui sont constituées ou cherchent à se constituer à partir d'un kaléidoscope d'identités empruntées ailleurs (notamment aux séries télévisées ou à internet). Richter s'inspire de Richard Sennett qui décrit l'homme flexible contemporain[3] dépourvu d'une identité stable dans le sens d'une unité de l'être. Ainsi, l'identité « patchwork » du sujet postmoderne ne cesse d'être en construction : c'est un processus qui n'aboutit jamais. L'écriture de Richter est fortement imprégnée du fragmentaire, au niveau des identités des personnages qui changent sans cesse, ainsi qu'au niveau de l'action. La fiction, le virtuel et la réalité tendent à se confondre.

Le théâtre postdramatique vise à atteindre un « apprentissage de la perception » en attirant l'attention du

---

1. Anja Dürrschmidt, « Zwischen Kammerspiel... », *op. cit.*
2. *Ibid.*
3. Richard Sennett, *Le Travail sans qualités - les conséquences humaines de la flexibilité*, trad. P.-E. Dauzat, Albin Michel, 2000.

spectateur sur la folie et l'absurde dans la société actuelle.[1] Dans les pièces de Richter, le spectateur ou le lecteur est souvent amené à se demander s'il s'agit d'un rêve, d'un délire ou d'une histoire virtuelle. Or cette fragmentation du personnage et de la narration et cette confusion entre les différents niveaux de la représentation (la réalité, la fiction et le virtuel) ont été amorcées dans l'histoire du théâtre. Le fragmentaire et l'addition de « morceaux disjoints » apparaissaient déjà dans le théâtre classique quand bien même on cherchait à montrer l'apparence d'une linéarité fictionnelle.[2] À partir de la fin du 19ème siècle, il s'agit, au niveau du jeu du comédien et des mises en scène, de « figurer les décalages, les paradoxes, les ambiguïtés » pour « prendre en charge la diffraction du sujet »[3], le sujet divisé, celui du désir, qui s'illustre notamment par le personnage de Hedda Gabler dans le drame d'Ibsen.

Concernant la question de la subjectivation, Lehmann souligne que dans le théâtre postdramatique devient manifeste « une pluralité dénuée d'un centre » : Il s'agit d'un « détrônement du moi », d'un « sujet comme objet, comme victime des impulsions qui le traversent »[4]. Comme dans la psychose décrite par les psychanalystes, le sujet est traversé par l'autre en permanence.

L'absence de personnages au sens strict, mais aussi de fable et de narration linéaire, caractérise également les pièces de Richter. Cette absence de narration semble refléter l'absence d'une histoire du sujet chez l' « homme flexible » décrit par Sennett. Dans la pièce *Electronic City*, les figures n'ont aucune identité cohérente. Le seul fil conducteur semble être le morcellement, ou l'éparpillement

1. Hans-Thies Lehmann, « Man kann von einem Hunger nach Realität sprechen », in : Christian Klein (dir.), *Théâtre et politique dans l'espace germanophone contemporain*, L'Harmattan, 2009.
2. Christian Biet et Christophe Triau, *op. cit.*, p. 491/492.
3. *Ibid.*, p. 470.
4. Hans-Thies Lehmann, *Postdramatisches Theater*, *op. cit.*, p. 279.

entre les nombreuses pseudo-identités. Les figures Tom et Joy se trouvent toutes les deux dans un état d'errance car elles ont perdu leurs repères dans le temps et dans l'espace. Les conceptions d'action et de personnage sont ainsi déconstruites.

Fréquemment, Richter a recours à l'intertextualité dans son écriture : il fait glisser dans son texte des passages venant d'autres auteurs ou d'autres sources comme des chansons et des films. Le résultat est une sorte de « patchwork », qui est propice à exprimer le caractère multiple et éphémère des identités des figures. Dans *Electronic City*, Richter se base sur l'ouvrage *Le Travail sans qualités* de Sennett et il fait dire à une des figures :

> [...] la flexibilité devient un type de comportement imposé, nouvelle forme d'amnésie, perte d'histoire, [...] la production des images, la réalité du marché et la guerre, des processus incontrôlables forment ensemble un système incontrôlable, dont le fonctionnement est devenu incompréhensible, et qu'on ne peut finalement plus représenter sous forme d'image ou de récit, puisqu'il est lui-même image et absence de narration [...][1]

C'est un autre écrivain de théâtre contemporain, Elfriede Jelinek, qui semble pousser le plus loin possible ce procédé d'écriture de l'intertextualité. Ses textes « pour le théâtre » ne sont plus de véritables pièces de théâtre mais des textes avec un seul narrateur qui parle au travers d'auteurs multiples. Ils constituent des flots de parole continus sans figures, ni coupure, ni action.

Selon Thomas Ostermeier, metteur en scène et directeur artistique de la Schaubühne, le théâtre postdramatique, « cette esthétique éclatée, fragmentée, était un écho de la période dominée par l'idée de la fin de l'Histoire, de

---

1. Falk Richter, *Electronic City*, in : Falk Richter, *Hotel Palestine, Electronic City, Sous la glace, Le Système*, trad. Anne Monfort, L'Arche, 2008, p. 61/62.

l'épuisement du rêve révolutionnaire. Avec la crise, les camps politiques deviennent plus marqués. Il y a un retour des luttes et des contradictions sociales. » Le théâtre néo-dramatique tente ainsi « d'opérer une sorte de restauration de la représentation : réinvestir les récits, les caractères, les personnages et les héros auxquels on peut s'identifier. »[1]

L'écriture de Richter des années 2000 se divise en deux grandes phases : celle qui se rapproche du théâtre postdramatique proprement dit (de ses premières pièces des années 1990 à *Sous la glace)* et celle qui prend des distances vis-à-vis du théâtre postdramatique. Si les pièces *État d'urgence* et *Jeunesse blessée* se rapprochent d'une forme néo-dramatique*, Dérangement* semble constituer une transition entre les deux formes d'écriture.

Mais avant de nous pencher sur les pièces de Richter nous allons cheminer par le champ de la folie.

---

1. Nicolas Truong, « Le théâtre, l'endroit où poser des questions », interview de Thomas Ostermeier, 19/07/2012, www.lemonde.fr.

LA FOLIE : HISTOIRE ET CONCEPTS

« Folie » vient du vieux français « fol » et dérive du terme latin « follis » qui signifie « soufflet » et « sac, ballon plein d'air » par métaphore ironique.[1]

Dans le contexte actuel postmoderne marqué par le scientisme, le terme « folie » est souvent à la une des médias pour désigner des passages à l'acte de tous genres, mais il se fait de plus en plus rare dans le discours psychiatrique. On pourrait croire que la folie y est « à jamais rangée au magasin des vieilleries »[2]. Pourtant, la manière dont elle se manifeste dans les différentes sociétés et cultures semble être en lien étroit avec leurs singularités du malaise dans la civilisation. Nous allons voir quel chemin la folie a parcouru pour se retrouver confinée aux champs littéraire, artistique et psychanalytique.

Définitions psychiatriques

D'après Michel Foucault, c'est à la fin du 18ème siècle que la folie a été capturée par le savoir médical et psychiatrique.[3] D'un point de vue psychiatrique, la folie est considérée comme une entité psychopathologique, une maladie mentale. Dans toute la psychiatrie moderne, elle est définie comme une psychose qui se caractérise par le fait que le sujet soit en rupture avec le monde extérieur, qu'il se

1. Jean-Marie Fritz, *Le Discours du fou au Moyen Âge*, PUF, 1992. Au Moyen Âge, « fol » signifiait « insensé, déraisonnable », « sot, stupide, ignorant », « inconvenant, malhonnête, mauvais », « coupable, pécheur, révolté contre Dieu » et désignait également le bouffon de cour.
2. Franck Chaumon et Catherine Machet, *op. cit.*, p. 11.
3. Michel Foucault, *Le Pouvoir psychiatrique*, Seuil/Gallimard, 2003, p. 355.

reconstruise une néo-réalité par le délire et qu'il perçoive des hallucinations qui peuvent intervenir à plusieurs niveaux (auditif, visuel, etc.). Les classifications psychiatriques actuelles décrivent plusieurs formes de psychose en ne se basant que sur les signes dits objectifs. Les troubles psychotiques sont considérés de plus en plus comme un déficit ou un handicap dont il s'agit de gérer la dangerosité supposée.[1]

La dépersonnalisation est un vécu qui peut s'inscrire dans un trouble psychotique ou au bord de celui-ci. Elle se manifeste par un trouble de l'identité et de la conscience de soi. Le sujet éprouve un sentiment de vide et d'étrangeté qui peut aller jusqu'au trouble de la conscience du corps et à la déréalisation :

> La réalité externe est perçue [...] comme ayant perdu sa familiarité. Le patient a l'impression de vivre dans un état de rêve, ou dans un environnement factice, bizarre, étrange. La perception de l'espace peut être altérée, le sujet se sentant désorienté, perdu, plongé dans un isolement absolu. Plus fréquemment encore existent des sentiments d'irréalité du temps, le rythme de la vie environnante étant perçu comme altéré, ralenti ou accéléré, en tout cas en dysharmonie avec le temps subjectif.[2]

Le sujet peut ainsi perdre son sentiment du présent et il peut soit avoir des illusions de fausses reconnaissances lors d'une situation nouvelle, soit éprouver une étrangeté vis-à-vis de situations familières. La prévalence actuelle de ces vécus proches de la psychose semble indiquer un fonctionnement social marqué par le brouillage des repères qui amène une difficulté pour le sujet de se structurer psychiquement.

---

1. Cf. la revue *Sud/Nord*, n.23, « La nuit sécuritaire », Érès, Toulouse, 2009.
2. Julien Daniel Guelfi et al., *Psychiatrie*, PUF, 1996, p. 509.

Définitions psychanalytiques

Bien qu'il ne figure pas en tant que tel parmi les concepts psychanalytiques, le terme « folie » apparaît fréquemment dans les écrits des psychanalystes. C'est par le concept de structure psychotique qu'ils tentent de penser la folie. D'après Freud, la psychose est une « organisation de la subjectivité » qui se manifeste par une « perte de la réalité avec régression de la libido sur le moi »[1]. Dans la psychose, la structuration psychique se fait sur le mode du rejet de la fonction du tiers symbolique (forclusion du Nom-du-Père selon Lacan) ; à la place de celui-ci surgissent des substituts de réalité (délire ou hallucination).

Selon la psychanalyse, le symptôme psychotique, irruption du réel, c'est-à-dire de ce qui n'est pas symbolisable, est une tentative de guérison : une tentative extrême du sujet de renouer des liens avec le monde extérieur. Cette reconstruction du monde extérieur repose sur le fait que ce qui a été aboli (forclos) au dedans (dans l'ordre symbolique) revient au sujet du dehors (dans le réel).

Ainsi, c'est l'essence même de ce qui est impensable, irreprésentable pour le sujet, qui s'exprime dans le délire et dans l'hallucination, notamment sous forme de voix. Manifestation langagière, le délire est une construction subjective qui résulte d'un « travail de la pensée » et qui « vise à redonner au sujet une place dans le monde, non à l'en retirer »[2]. La psychanalyse tente donc d'appréhender l'impensable de l'homme et la subjectivité qui se manifestent dans la folie par le délire et l'hallucination comme expressions langagières.

---

1. Roland Chemama et Bernard Vandermersch, *Dictionnaire de la psychanalyse*, Larousse, 2007, p. 340.
2. Franck Chaumon (dir.), *Délire et construction*, Érès, Ramonville Saint-Agne, 2002, p. 9.

Le fonctionnement actuel de la société semble se rapprocher des aléas de la psychose : du fait de la fragilité voire de l'absence du tiers symbolique, les sujets sont « en proie au binaire, à la réversibilité permanente des miroirs déboussolés ». Or, « la folie c'est précisément l'absence de tiers, c'est le sujet livré à un autre omniprésent et insatiable, c'est la solitude dans les miroirs multipliés. »[1]

Bien que généralement il ne s'inscrive pas dans la psychose, le vécu d'inquiétante étrangeté (« das Unheimliche ») dépeint par Freud se rapproche sous certains aspects de la dépersonnalisation décrite par les psychiatres : c'est un vécu d'angoisse qui serait notamment provoqué par un brouillage des limites entre rêve et réalité et par « l'apparition dans le réel de quelque chose qui rappellerait trop directement ce qui est le plus intime, le plus refoulé »[2].

Folie et aliénation

Si l'aliénation correspond dans le langage courant au fait d'être étranger à son environnement et d'être dépossédé par l'autre, au niveau juridique, elle décrit le fait qu'une « propriété » ait été « détournée » à l'usage et au profit d'un tiers.[3] Dans le sens psychopathologique, l'aliénation désigne la folie, la maladie mentale. C'est à la fin du 19ème siècle qu'apparaissent les termes « médecin aliéniste » et « asile d'aliénés ».

Michel Foucault considère dans ses premiers écrits, notamment dans *Maladie mentale et psychologie*, que la folie en tant que psychopathologie résulte de l'aliénation sociale. Il se base ainsi sur une pensée marxiste : cette

1. Franck Chaumon et Catherine Machet (dir.), *op. cit.*, p. 12.
2. Roland Chemama et Bernard Vandermersch, *op. cit.*, p. 128.
3. Marie-France Rouart, *Les Structures de l'aliénation*, Publibook, 2008, p. 12.

« aliénation première » correspond à l' « impossibilité pour l'individu vivant et travaillant, de maîtriser les contradictions concrètes de son existence. En ce sens, le malade mental est l'expression directe des contradictions de la société civile. [...] L'aliéné n'est pas hors de l'humanité. Il est dans la société qui le déshumanise. »[1]

Perspectives historiques - folie et raison

Au début de l'œuvre de Foucault, les concepts de maladie mentale — qui émerge à l'époque moderne — et de folie semblent pouvoir se superposer. En revanche, les conceptions de la folie dans les différentes époques qui sont évoquées dans ses écrits ultérieurs ne recouvrent pas exactement le concept psychiatrique de psychose.

Dans *Histoire de la folie à l'âge classique*, Foucault retrace le chemin parcouru aux différentes époques en Occident dans le partage entre folie et raison : « drame épique du divorce [entre folie et raison] à la Renaissance, consommation de la séparation pendant l'âge classique, oubli du partage lui-même (par intériorisation) à l'époque moderne » où s'établit une distinction entre le normal et le pathologique.[2]

Au Moyen Âge, les fous mènent une existence d'errance. La folie n'est fixée à aucun lieu, sa demeure est introuvable et sa présence « diffuse et discrète ». Le fou est considéré comme un « être du dehors, hors de tout espace civilisé ou socialisé, hors de soi, hors du sens » et il est en « dissidence » avec le monde des hommes. Ainsi, il se situe « partout et nulle part ».[3]

1. Frédéric Gros, *Foucault et la folie*, PUF, 2004, p. 21.
2. *Ibid.*, p. 34.
3. Jean-Marie Fritz, *op. cit.*

La Renaissance est marquée par une conscience tragique que la raison et l'ordre du monde sont menacés par « une folie souveraine »[1]. En tant qu'étranger et altérité absolus, le fou est cantonné à l'errance fluviale ; le thème de la *Nef des fous* domine l'imaginaire. Comme au Moyen Âge, la folie est vécue comme la hantise d'un imaginaire d'un autre monde. Le fou a une « position irréductiblement liminaire »[2] : il est placé sur des seuils, des portes, ou sur l'eau.

L'époque classique – ayant écarté à la fois la conscience tragique de la folie et la confrontation dialectique avec celle-ci – est caractérisée par le grand enfermement des fous à l'hôpital général. Tenue à distance, la folie est ainsi envisagée comme une « négativité vide de la raison »[3], comme déraison, contraire absolu de la raison, comme « rien ». Le délire, principe même de la folie en tant que manifestation langagière, comme discours, est considéré comme une erreur. Pourtant, malgré l'enfermement du fou, la place de sa subjectivité et vérité est préservée, bien qu'il s'agisse d'une « vérité de l'erreur »[4].

Asiles et hôpitaux psychiatriques sont mis en place à l'époque moderne qui définit la folie comme « positivité », objet de connaissance et d'étude scientifique, c'est-à-dire comme maladie mentale. La folie est objectivée, médicalisée et appréhendée comme un écart à la norme qu'il s'agit de corriger sans pour autant tenir compte de la vérité et de la subjectivité du fou. En revanche, la psychanalyse, qui occupe une place à part dans l'époque moderne, conçoit la folie comme une manifestation de l'impensable de l'homme en se centrant sur le discours du sujet.

---

1. Frédéric Gros, *op. cit.*, p. 42.
2. *Ibid.*, p. 45.
3. Michel Foucault, *Histoire de la folie à l'âge classique*, Collection Tel, Gallimard, 2007, p. 267/68.
4. Frédéric Gros, *op. cit.*, p. 74.

La folie comme objet-limite et comme négativité

Foucault décrit à travers les expressions artistiques comment à différentes époques ont été mises en œuvre « des procédures historiques de limitation de l'insoutenable folie ». Ces « *consciences de folie* [...] sont autant de manières spécifiques pour la raison d'appréhender concrètement la folie tout en s'en gardant. » D'après Foucault, l'époque moderne se caractérise avant tout par une « conscience analytique » tentant d'objectiver la folie qui se trouve ainsi « totalement aliénée dans les formes du savoir », et qui « ne fait même plus l'objet d'un partage ». [1]

À l'époque actuelle, postmoderne et sécuritaire, la folie est souvent considérée comme un handicap ou comme un trouble à éradiquer et à séparer de l'espace de la cité. Il s'agit donc d'un retour à certains traits caractéristiques de l'époque classique, c'est-à-dire une signification de la folie comme « négativité pure » et une conscience pratique, celle de l'enfermement dans un but de contrôle social (et non pas médical comme lors de l'époque moderne) :

> la société désigne les fous comme transgressant les normes établies, ce qui suppose bien qu'on ait senti l'ordre de la cité menacé par leur présence.[2]

Mais à l'opposé de l'époque classique, la place de la subjectivité et de la vérité du fou semble être abolie.

La folie comme miroir

Contrairement au concept de maladie mentale, celui de folie peut concerner tous les hommes car il véhicule « l'idée d'une affinité entre la folie et la nature humaine et, par

---

1. *Ibid.*, p. 38/39.
2. *Ibid.*

conséquent, l'idée que la folie |...] pouvait nous apprendre quelque chose sur l'essence même de l'homme et sur le fonctionnement de la société »[1].

Loin d'être réduite à une manifestation pathologique empreinte de négativité et de non-sens (comme c'est le cas dans les conceptions psychiatriques réadaptatives), Foucault considère qu'au début du 19ème siècle, la folie apparaît dans les œuvres artistiques comme ayant une fonction essentielle dans l'humanité : elle nous permettrait d'avoir une conscience critique de l'existence et le fou aurait des « vertus de miroir ». Ainsi, la folie nous montre

> une vérité de l'homme, très archaïque et très proche, très silencieuse et très menaçante : une vérité en-dessous de toute vérité, la plus voisine de la naissance de la subjectivité.[2]

Le fou est l'autre par excellence, il constitue l'altérité et l'étranger. Foucault soulève le paradoxe qu'en Occident, depuis le Moyen Âge, la folie ait été rejetée aux confins et dès l'âge classique « placée dans un espace neutralisé et pâle », dans les « aquariums tièdes », tout en étant reconnue comme « la vérité dénudée de l'homme ».[3] La folie nous rappelle notre « finitude », et elle fait vaciller nos certitudes. Ainsi, le fou apparaît comme « l'incarnation concrète du point aveugle de nos savoirs établis »[4].

En la folie nous voyons

surgir ce qui nous est, périlleusement, le plus proche, – et c'est

1. Isabelle Smadja, « Folie du moi et/ou folie du monde dans le théâtre contemporain », *Psychologie clinique*, n. 27, 2009/1.
2. Michel Foucault, *Histoire de la folie…*, *op. cit.*, p. 638.
3. Michel Foucault, « La folie, l'absence d'œuvre », in *Dits et écrits – I. 1954-1975*, Gallimard, 2008.
4. Frédéric Gros, *op. cit.*, p. 123.

comme si, soudain, se profilait en relief le creux même de notre existence.[1]

Selon Foucault, à partir du 19ème siècle, la folie est considérée comme l'insurrection d'une force. Il en découle la pratique de l'enfermement des malades mentaux dans les asiles psychiatriques[2]. C'est à l'abus de cette pratique de l'enfermement et à la négation de la vérité et de la subjectivité du malade mental que s'oppose le mouvement désaliéniste émergeant au cours des années 1960 en France. Dès lors, la folie, et en particulier le délire, est envisagée comme une expérience profondément humaine et une tentative du sujet de renouer avec le monde. La conception d'après laquelle la folie exprime la subjectivité et la vérité de l'homme est développée notamment par le psychiatre Tosquelles : « sans reconnaissance de la valeur humaine de la folie, c'est l'homme même qui disparaît. »[3]

Folie et littérature

Foucault distingue et oppose la maladie mentale et la folie lorsqu'il aborde le lien entre folie et littérature (notamment dans *Raymond Roussel*). En entrant dans le domaine de la littérature, la « folie dénoue sa parenté » avec la maladie mentale. Selon Foucault, depuis le 19ème siècle, « folie et maladie mentale défont leur appartenance à la même unité anthropologique » :

> La folie, halo lyrique de la maladie, ne cesse de s'éteindre. Et loin du pathologique, du côté du langage, là où il se replie sans

1. Michel Foucault, *Les Mots et les choses*, Gallimard, p. 387, cité par Frédéric Gros, *op. cit.*, p. 119.
2. Michel Foucault, *Le Pouvoir psychiatrique*, Seuil/Gallimard, 2003, p. 9.
3. Cité dans le « Manifeste pour la psychiatrie » du *Collectif des 39*, www.collectifpsychiatrie.fr.

> encore rien dire, une expérience est en train de naître où il y va de notre pensée ; son imminence, déjà visible mais vide absolument, ne peut encore être nommée.[1]

Ainsi, la folie se retrouve dissociée de la maladie mentale pour reprendre sa place dans le champ artistique et « dans ce qui est, au plus intime de chaque être humain, la contradiction nécessaire, dramatique et fondamentale de l'esprit de l'homme entre raison et déraison »[2].

Foucault précise qu' « il n'y a pas dans l'âge classique de littérature de la folie, en ce sens qu'il n'y a pas pour la folie un langage autonome »[3]. Au 19ème siècle, la folie réapparaît « dans le domaine du langage où lui était permis de parler à la première personne et d'énoncer [...] quelque chose qui avait un rapport essentiel à la vérité ». Ainsi, dans la poésie romantique, « la folie retrouve son langage » comme « éclatement lyrique »[4]. Certaines formes de littérature moderne se rapprochent de la folie, du délire, et font transparaître les questions de l'origine et de la mort. Comme la folie, les écrits de Beckett et de Roussel manifestent un sujet dissocié.

---

1. Michel Foucault, « La folie, absence d'œuvre », *op. cit.*
2. Jacques Postel (dir.), *Dictionnaire de psychiatrie et de psychopathologie clinique*, Larousse, 1993 p. 234.
3. Michel Foucault, *Histoire de la folie...*, *op. cit.*, p. 638.
4. *Ibid.*, p. 639

LA FOLIE DANS LE THÉÂTRE CONTEMPORAIN

Si le théâtre a toujours procédé par la présentation fulgurante de « cas aberrants et singuliers » de fous afin de réveiller « une conscience endormie dans la banalité et le clair-obscur de la vie cloisonnée par les habitudes »[1], la question de la folie est centrale dans le théâtre contemporain, et chez de nombreux auteurs et metteurs en scène contemporains elle a un rôle politique.

Lorsque le théâtre contemporain introduit des figures folles, c'est-à-dire qui semblent se rapprocher de la psychose, le plus souvent il ne les cerne pas par des concepts psychiatriques. Ces figures sont fréquemment en rupture explicite avec leur contexte social et avec le discours dominant. Mais la folie s'y situe également à d'autres niveaux, celui de la forme et de la structure des pièces, en particulier lorsqu'elles dépeignent des mondes délirants. La folie est une question particulièrement complexe au vu de la dissolution du personnage et de la fragmentation qui caractérise les pièces de théâtre contemporain, en particulier le théâtre postdramatique.

À propos du théâtre de l'absurde, Robert Abirached souligne que

> ce qui est partout disqualifié, c'est l'individu, tel que l'exprime la notion de moi, avec ses intérêts, ses passions, ses raisonnements, ses démarches ; c'est la société [...] ; c'est enfin l'histoire, avec sa prétention au sens et ses perspectives ordonnées.[2]

1. Jean Duvignaud, *Le Théâtre, et après*, Casterman, 1971, p. 71.
2. Robert Abirached, *La Crise du personnage dans le théâtre moderne*, Gallimard, 1994, p. 392.

En revanche, c'est l'inconscient qui s'y manifeste et donc les processus primaires d'après Freud. Un nouveau rapport au langage émerge et le « 'on' vague et incertain de la parole commune » est interrogé. Le « bavardage apparaît révélé par le bavardage de la langue elle-même »[1], « ça parle » à travers les personnages et « le je ne peut plus être le lieu où se restitue innocemment une personne préalablement emmagasinée »[2].

Le personnage du théâtre contemporain « se dissout dans une parole qui le traverse plus qu'elle ne le constitue »[3]. Ainsi, de nombreux auteurs ne parlent plus de personnages mais de figures ou de porte-voix. La crise, puis la dissolution du personnage nous semblent aller de pair avec la dissolution du sujet freudien et kantien décrite par plusieurs psychanalystes et philosophes[4]. Ces auteurs font l'hypothèse que notre monde actuel est peuplé par des néo-sujets aux identités vacillantes ou d'emprunt qui sont « sous influence » permanente des médias et qui se dépersonnalisent. Or, le théâtre contemporain, particulièrement lorsqu'il met en tension le singulier et le collectif, nous montre justement que la place de la subjectivité est devenue fragile voire caduque dans notre société néolibérale.

Les hommes-troncs beckettiens sont des errants qui, en agonisant, énoncent des voix qui les peuplent. La « double extinction » – celle du moi et du monde – est « toujours au bord d'être achevée »[5]. La dissolution et la fragmentation du personnage théâtral vont encore plus loin dans le contexte de la mondialisation et de l'omniprésence

---

1. Jean Duvignaud, *op. cit.*, p. 72.
2. Roland Barthes, *Le Bruissement de la langue*, Seuil, 1983, p. 27.
3. Jean-Pierre Sarrazac et al. (dir.), *Lexique... op. cit.,* p. 130, article de H. Kuntz et F. Heulot.
4. Notamment B. Stiegler, D.-R. Dufour et J.-P. Lebrun.
5. Joseph Danan, *Théâtre de la pensée*, éditions Médianes, Rouen, 1995, p. 316.

d'internet qui accentuent la confusion entre la réalité, la fiction et le virtuel. Hans-Thies Lehmann souligne que le théâtre postdramatique, « théâtre des voix »[1], se caractérise par des figures qui sont des « êtres parlés », victimes des « impulsions » qui les traversent[2], ce qui les rapproche de la psychose au sens psychanalytique. C'est précisément par le langage que le sujet - en tant que porteur d'un discours singulier - se constitue car il est parlé par l'Autre, lieu de signifiants. Or, le théâtre postdramatique semble révéler qu'il n'existe aucun point d'arrêt ou point d'ancrage possible. Pris dans le flux infini des signifiants et entre les « miroirs déboussolés », le sujet reste « en souffrance » ; il se disperse et se dissocie. Ce sujet dispersé, apparaissant au théâtre, est traversé par une multitude de voix émanant des discours creux médiatique et économique qui le dépersonnalisent et le dépossèdent de « sa propre essence »[3].

En revanche, le sujet délirant, tel qu'il figure fréquemment dans le théâtre contemporain, rompt justement avec la banalité du discours courant par son délire comme construction subjective où ce qui n'est pas symbolisé par la société ou par le sujet lui-même « reparaît dans le réel »[4]. Le lyrisme et la prolifération imaginaire du discours délirant dépeignent un monde apocalyptique, notamment chez Falk Richter. Dans le théâtre contemporain, folie et violence vont souvent de pair, comme si la folie du sujet en tant qu'excès et démesure devait s'accentuer et se radicaliser davantage afin de pouvoir rompre avec le contexte de la société « borderline ». Celle-ci

1. Hans-Thies Lehmann, « Just a word on a page and there is a drama », *Text + Kritik*, « Theater fürs 21. Jahrhundert », 2004.

2. Hans-Thies Lehmann, *Postdramatisches Theater*, *op. cit.*, p. 27

3. Jacques Rancière, *op.cit.*, p. 13.

4. Jacques Lacan, *Le Séminaire livre III - Les Psychoses*, Seuil, 1981, p. 100. D'après Jacques Lacan, le réel ne peut être articulé par des signifiants. Il n'est pas symbolisable.

se rapproche du fonctionnement psychotique en excluant notamment l'instance symbolique, le tiers, et en laissant ainsi les sujets en proie au binaire qui doivent désormais se fonder eux-mêmes. Dans certaines pièces polyphoniques, comme celles d'Elfriede Jelinek, les frontières entre le discours courant et la folie sont minces. Le discours creux emprunté aux médias et à l'économie peut glisser brusquement dans un discours proche du délire et se confondre avec lui.

La folie du sujet se caractérise souvent par une démesure :

> Si le théâtre contemporain se méfie de la psychiatrie et la juge en général fort mal, il se charge en revanche de la folie, au sens où il atteint très souvent – à certains moments paroxystiques – une démesure dans les thèmes qu'il met en scène.[1]

Ainsi, il s'agit souvent de transgressions, dans le discours ou dans l'acte, concernant la mort, la violence et le sexe. Le théâtre de Sarah Kane pousse jusqu'à l'extrême la cruauté, la déraison et l'excès représentés sur scène. À travers l'excès de la folie du sujet,

> c'est le réel qui surgit avec une force hallucinatoire, déchirant la trame des discours convenus, trouvant, dans l'excès qui renoue avec celui de la tragédie antique [...], une parole 'différente', parlant dans une autre langue que celle qui parle à travers nous, qui *nous parle*, par laquelle la société inscrit sur nos corps les signes de son ordre.[2]

1. Isabelle Smadja, « Folie du moi et/ou folie du monde... », *op. cit.*
2. Joseph Danan, *op. cit.*, p. 298.

ELECTRONIC CITY :

LA FOLIE DE « NOTRE MODE DE VIE »

L'aliénation du spectateur au profit de l'objet contemplé [...] s'exprime ainsi : plus il contemple, moins il vit ; plus il accepte de se reconnaître dans les images dominantes du besoin, moins il comprend sa propre existence et son propre désir. L'extériorité du spectacle par rapport à l'homme agissant apparaît en ce que ses propres gestes ne sont plus à lui, mais à un autre qui les lui représente. C'est pourquoi le spectateur ne se sent chez lui nulle part, car le spectacle est partout.[1]

Guy Debord, *La Société du spectacle.*

[...] les personnages n'arrêtent pas de changer, on perd toute vue d'ensemble sur l'action, aucun des personnages n'a de motivation identifiable, ou compréhensible en fait, on a la sensation de se regarder mutuellement devenir fou [...][2]

Joy dans *Electronic City.*

Pour l'écriture d'*Electronic City,* Richter s'est inspiré des écrits du sociologue Richard Sennett. Cet auteur développe l'idée que notre système économique actuel – qui répand l'indifférence en considérant les personnes comme jetables – engendre de la confusion au niveau psychique et une « corrosion » du caractère comme « valeur éthique que nous attachons à nos désirs et à nos relations avec les autres »[3].

1. Guy Debord, *La Société du spectacle*, Folio, 2002, p. 31.
2. Falk Richter, *Electronic City, op. cit.*, L'Arche, 2008, p. 76.
3. Richard Sennett, *Le Travail sans qualités..., op. cit.*, p. 10.

Il rejoint donc le philosophe Bernard Stiegler qui estime qu'à notre époque, la généralisation du « calcul » ainsi que « le marketing en tant que *contrôle des temps* des consciences et des corps » font « *obstacle* au processus d'individuation »[1] aux niveaux psychique et collectif. L'illisibilité et l'aspect confus de la réalité véhiculés par le « capitalisme flexible » génèrent de la confusion au niveau du sujet. Cette confusion comme symptôme du sujet semble être devenue « un reflet exact de la réalité » extérieure.[2] Les notions de dépersonnalisation et d'inquiétante étrangeté comme atteintes et vacillement du sujet nous permettent de penser l'impact du système socio-économique actuel sur l'identité subjective.

La pièce *Electronic City* porte le sous-titre : *unsere Art zu leben*, « notre mode de vie ». Richter décrit celui-ci comme étant gouverné par une logique guerrière dans ses notes sur la pièce. Il s'agit « d'une guerre qui s'est inscrite dans le quotidien »[3], celle de la logique de l'efficacité économique qui se caractérise par un rythme effréné. Stiegler souligne qu'il s'agit avant tout d'une « guerre esthétique » menée contre la différence. Or c'est précisément la confrontation avec la différence qui permet « l'expérience de la singularité », c'est-à-dire « ce qui n'est pas calculable, ni anticipable, ni contrôlable, ce qui, par structure, contredit toute massification ».[4] Le système néolibéral et scientiste ne semble préserver aucune place à la subjectivité, à la faille humaine. L'erreur dans le système n'a pas lieu d'être, la subjectivité n'ayant aucun lieu.

---

1. Bernard Stiegler, *De la misère symbolique – 1. L'époque hyper-industrielle*, Galilée, 2004, p. 100.
2. Richard Sennett, *Le Travail sans qualités...*, op. cit., p. 208
3. Falk Richter, « Über Electronic City » in : Falk Richter, *Unter Eis – Stücke*, Fischer Verlag.
4. Bernard Stiegler, *De la misère symbolique – 2. La catastrophè du sensible*, Galilée, 2005, p. 279.

Richter a écrit la première version de la pièce en une nuit, en octobre 2002[1], au moment où il recherchait une « nouvelle forme dramatique » permettant de débattre de thèmes politiques ou économiques, tout en s'interrogeant sur le regard porté sur l'objet qui est discuté. Il se pose également la question de sa propre place dans le système en tant qu'artiste faisant partie du système occidental et qui gagne de l'argent avec sa critique du néolibéralisme.[2]

Richter précise que dans *Electronic City* il s'agit des conditions actuelles du monde du travail dominé par les exigences de l'efficacité et des conséquences de ces exigences sur le mode de vie de chacun. Dans ce contexte, « on s'éprouve soi-même davantage comme une forme de marchandise que comme un vrai être humain »[3].

Dans *Electronic City* interviennent deux figures, Tom et Joy, ainsi qu' « une équipe d'environ 5-15 personnes »[4]. Ce n'est qu'au cours de la pièce que nous apprenons que cette équipe est en train de tourner un ou plusieurs films dans lequel ou lesquels il s'agit justement de l'histoire de Joy et de Tom. Ceux-ci constituent des figures qui « ne sont rien d'autre que ce qu'elles disent » et qui « s'affichent comme des artefacts »[5], même si nous apprenons certaines choses sur le passé de Joy. Mais ces fragments de récits sur son travail et sur sa rencontre avec Tom figurent dans un ou plusieurs films : l'authenticité et la référence supposée à une « réalité » sont remises en question sans cesse.

Bien que cette narration soit très fragmentée et dispersée, un fil d'action y apparaît à minima : Tom, homme

1. Falk Richter, « Autofiction », www.falkrichter.com.

2. Anja Dürrschmidt, « Das System wird gestartet », entretien avec Falk Richter, in : Falk Richter, *Das System – Materialien Gespräche Textfassungen zu 'Unter Eis'*, Theater der Zeit, Recherchen 22, 2004.

3. *Ibid.*

4. Falk Richter, *Electronic City, op. cit.*, p. 48.

5. Jean-Pierre Ryngaert et Julie Sermon, *Le Personnage théâtral contemporain*, Éditions théâtrales, Montreuil-sous-Bois, 2006, p. 163

d'affaires, qui passe d'un 'non-lieu' – aéroport, hôtel, etc. – à un autre, a une liaison avec Joy, caissière vacataire « stand-by » dans une chaîne internationale de magasins de prêt-à-manger. Ils vivent à un rythme effréné et sans attaches à un lieu spécifique, ce qui est incompatible avec leur relation. Lorsqu'ils sont confrontés tous les deux à leur solitude et paniquent dans une situation de panne, ils cherchent à se retrouver.

La parole de Tom et de Joy, sous forme de monologues pour la plus grande part et quelques courts dialogues, est entrecoupée par d'autres paroles dont le locuteur n'est pas précisé et que nous nommons *voix*. Elles prennent des formes très variées et expriment une multitude de points de vue. Il faut souligner que dans la première version de la pièce, l'équipe de tournage ne figurait pas encore. Ainsi, ces voix y véhiculaient une dimension plus ambiguë et mystérieuse car elles ne pouvaient être attribuées à l'équipe.

L'ensemble de la pièce, en tant que montage des voix et des différents référents de réalité, est difficilement saisissable et dans sa « démesure » elle semble outrepasser « la synthèse compréhensive », mettre « à l'épreuve l'identité » et l'« autorité rationnelle » du lecteur ou du spectateur.[1]

La folie du monde : l'errance dans un monde de chiffres

Un accident, une panne dans le système déclenchent une crise chez les deux figures : le scanner de Joy disjoncte et ne peut plus lire les codes-barres des produits, tandis que Tom a oublié le code pour entrer dans sa chambre d'hôtel. Dans les deux cas, il s'agit donc de chiffres qui font défaut. La

1. Claude Amey, « De l'usage discontinu de l'œuvre d'art », *op. cit.*

subjectivité de Tom et de Joy est dissoute dans une masse de chiffres :

> TOM, *puis Joy s'insère et ensuite après quelques instants tous les locuteurs, afin de créer une mer de chiffres.* 17 47 13 11 - 17 48 13 12 - 1 11 17 3 [...]. *Simultanément.*
> – La voix de Tom et aussi celle de Joy qui cherchent le bon code, le code, le code pour rentrer les prix du magasin Prêt-à-manger [...].
> – Tous deux se noient dans un arrière-plan de codes de plus en plus flou [...][1]

Joy décrit son histoire comme suit :

> Oui, tout était plutôt pas mal surveillé hyperconnecté flexible et hyperrationnalisé enfin on était comme des données et on fonçait dans des réseaux d'information sans avoir la moindre idée de qui, où et quand on était. Je n'arrive à me souvenir de rien [...], des images qui bougent rapidement où on ne reconnaît rien sauf un mouvement effréné, coloré [...], c'est le souvenir que j'ai de ma vie : un océan de chiffres.[2]

Tom et Joy tentent tous les deux de reconstruire leurs histoires, leur passé comme récit potentiel de leurs subjectivités, mais ils échouent d'emblée car les quelques souvenirs restent flous et ils n'arrivent pas à aboutir à un récit, une narration. Toutes les bribes de souvenir et de reconstruction se noient dans le système aliénant des chiffres et Joy comme Tom sont confrontés au flou et au vide.

---

1. Falk Richter, *Electronic City, op. cit.*, p. 84/85
2. *Ibid.*, p. 74.

Confusion et errance

Les deux figures perdent leurs repères temporels et spatiaux ainsi que leur propre identité : elles traversent un état de dépersonnalisation et d'étrangeté qui est engendré par leur mode de vie où tout se ressemble et s'équivaut (les lieux, les laps de temps et les personnes). Ainsi, tous les lieux de prêt-à-manger dans lesquels Joy travaille sont identiques :

> [...] quasiment toujours placé au même endroit des différents aéroports, même design, même marque, mêmes exigences envers le personnel [...][1]

Tom a perdu ses repères temporels car dans sa vie d'homme d'affaires, « le temps se gèle en centièmes de secondes »[2], tous les moments s'équivalent et sont marqués par le même rythme de course effrénée aux chiffres d'affaires :

> – juste une succession d'événements toujours identiques
> TOM. Depuis des années au moins, non ? Quand, je ne me rappelle plus quand tout ça a commencé en fait ?[3]

> – [...] je suis vraiment ici depuis deux semaines ou ou...je sais pas deux HEURES, je suis arrivé quand [...][4]

Les autres personnes apparaissent toutes comme des doubles de Tom et Joy.

> – Tom s'excite sur le tapis de course de la salle de fitness
> – à côté de lui vingt autres hommes qui ont exactement la même apparence que lui [...][5]

---

1. *Ibid.*, p. 62.
2. *Ibid.*, p. 85.
3. *Ibid.*, p. 56.
4. *Ibid.*, p. 49.
5. *Ibid.*, p. 54.

Faute d'une structuration, d'une différenciation de l'extérieur, le sujet ne peut ni se structurer intérieurement ni trouver sa place singulière et il perd son identité :

> TOM. [...] C'est moi ça ? Je n'arrive pas à me souvenir de la dernière fois où je suis censé avoir ressemblé à ça.[1]

Il se vit lui-même comme irréel, comme personnage d'un docu-soap, ou d'un film de fiction comme Joy. À plusieurs reprises, lorsque Tom et Joy sont confrontés à leur vide à penser et à ressentir, donc à leur subjectivité mise à mal, des extraits de films et de chansons leur viennent à l'esprit comme une pro-thèse :

> JOY *chante* [...] 'Time after time I try to contact you Time after time I try to talk to you but you don't take me to your heart.'
> LA VOIX DE JOY, *sur la boîte vocale, prise de panique.* 'Tom, Tom, s'il te plaît, tu peux me rappeler, s'il te plaît'[2]

> TOM. 'I want to walk in the open wind, I want to talk like lovers do, want to dive into your ocean is it raining with you', chiffres chiffres chiffres, continuer, vite, vite continuer, ne pas rater, appeler, vendre, tenir, continuer [...][3]

Bernard Stiegler souligne, à propos du film *On connaît la chanson* d'Alain Renais, où figurent des chansons comme « objets temporels industrialisés », que « ce ne sont pas les personnages qui parlent [...], *ça chante* en eux, ils sont ventriloqués. Ils veulent parler et ça chante »[4]. Ainsi, ils se caractérisent par une « facticité *préfabriquée* »[5].

---

1. *Ibid.*, p. 56.
2. *Ibid.*, p. 83.
3. *Ibid.*, p. 59.
4. Bernard Stiegler, *De la misère symbolique - 1.*, *op. cit.*, p. 67.
5. *Ibid.*, p. 69.

La folie de l'être parlé

Le discours de Tom et de Joy est également dépersonnalisé.[1] Souvent, ils ne semblent pas avoir de discours propre : ils sont parlés par d'autres voix qui les traversent et qui proviennent de sources diverses. Richter joue avec l'ambiguïté, la confusion entre fiction, délire et réalité. Il accentue encore cette confusion par la présence des autres personnes (l'équipe d'environ 5-15 personnes), qui réalisent le ou les films dans la pièce. L'histoire de Joy et Tom, entrecoupée de ces films docu-soap, se confond donc petit à petit avec ceux-ci et « on ne distingue plus l'original de la copie »[2]. La confusion provoquée chez le lecteur ou spectateur semble intentionnelle chez Richter, qui maintient l'équivoque.

La parole qui est distribuée entre ces personnes peut s'entendre de différentes manières, c'est-à-dire comme des didascalies, des commentaires faits dans le cadre du tournage de film, des voix de l'auteur, ou bien comme des voix hallucinatoires. Parfois, il semble s'agir également de voix d'un chœur qui commente ce qui se passe pour Tom et Joy, de voix de figures entrant dans un bref dialogue avec les deux protagonistes, ou de voix parlant à la place de Tom ou Joy pour traduire leurs pensées. Ce montage est donc polyphonique.

À travers ces voix semble souvent s'exprimer l'auteur. C'est lorsqu'elles questionnent le cadre même de la représentation théâtrale qu'il devient le plus visible, notamment lorsque sa propre incertitude sur le cadre à donner à la pièce rejoint l'incertitude de la figure TOM dont les repères vacillent :

TOM. [...] Mais c'est où alors ? Ça pourrait être où ?

---

1. Jacques Lacan, *Le Séminaire livre III...*, *op. cit.*, p. 305.
2. Anne Monfort, « 'Analyse und Erkenntnis...'», *op. cit.*

– Mais on est dans quel genre d'histoire en fait ? On a déjà décidé ?[1]

Dans *Electronic City* la « voix de l'auteur fait appel à un corps étranger pour se faire entendre : corps étranger à l'action dramatique, il l'est aussi face aux protagonistes du drame, puisqu'il est pure parole, pure voix »[2]. Le sujet épique comme voix de l'auteur est fragmenté et n'arrête pas de changer de perspective. Il s'agit donc d'une « *voix rhapsodique,* 'voix du questionnement, voix du doute, de la palinodie, voix de la multiplication des possibles ; voix erratique qui embraye, débraye, se perd, erre tout en commentant et problématisant' »[3].

C'est la voix de cet autre qui délie et relie, s'immisçant dans le discours de Tom et Joy. Mais comme nous l'avons souligné, à certains moments, ces voix étrangères pourraient en même temps correspondre à des voix hallucinées par Tom et Joy – ils seraient donc envahis et parlés par d'autres, le réel se manifestant d'une manière intrusive.

À de nombreuses reprises, nous ne savons pas qui parle et si les voix se situent à l'intérieur ou à l'extérieur de l'action. C'est difficile à dire car les nombreuses actions sont emboîtées les unes dans les autres. Mais c'est aussi à l'intérieur même des voix de Tom et de Joy qu'apparaissent d'autres voix : ainsi, des fragments du livre de Richard Sennett sur l'homme flexible s'infiltrent dans le discours de Tom.

À l'intérieur de ces voix multiples, tantôt polyphoniques, c'est-à-dire ayant une certaine cohérence de composition, tantôt cacophoniques, Tom et Joy sont coincés entre les

1. Falk Richter, *Electronic City, op. cit.*, p. 51.
2. Jean-Pierre Sarrazac et al. (dir.), *Lexique..., op. cit.*, p. 76, article de L. Barbolosi et M. Plana.
3. *Ibid.*, p. 186, article de C. Hersant et C. Naugrette.

« miroirs déboussolés »[1]. Leur rencontre, bien qu'elle figure comme une minuscule possibilité à la fin de la pièce, semble entravée, ratée car le système ne lui réserve aucune place. Elle reste donc u-topique : elle ne pourrait avoir lieu nulle part.

Tom et Joy sont parlés et leur discours oscille entre des fragments de soliloques, monologues et dialogues. Ce théâtre des figures errantes semble se rapprocher du théâtre de l'intime décrit par Sarrazac. Propice à l'expression de l'inconscient, il dépeint à la fois un « sujet divisé » et un sujet subissant un « morcellement identitaire » : la frontière entre ces deux structures de sujet semble parfois s'estomper. Dans cette mosaïque des langues et discours interviennent des voix diffractées qui problématisent l'impossibilité pour le sujet de se construire une authenticité.

Le théâtre postdramatique et le théâtre prédramatique se rejoignent car ils introduisent des êtres qui sont « parlés ». Mais si les voix multiples font émerger un sujet dans les tragédies grecques, Richter montre comment le sujet est envahi et comment il se dissocie . Le sujet qui est « né » dans le théâtre prédramatique apparaît aujourd'hui dans une « situation de crise »[2].

Entre la réalité et la fiction : le brouillage des repères

La confusion qui est suscitée chez le lecteur ou spectateur se déploie en miroir par rapport à celle que traversent les deux figures. « L'enchâssement d'un récit dans un autre et d'un niveau référentiel dans un autre contribue à renforcer

1. Franck Chaumon et Catherine Machet (dir.), *Inactualité de la folie, op. cit.*, p. 12.

2. Hans-Thies Lehmann et Christoph Menke, « Das Schweigen des Helden », *Theater der Zeit*, mars 2006.

l'existence fictive des personnages en les faisant cohabiter avec des figures » qui portent « directement le poids du réel », comme ce fut déjà le cas dans le théâtre baroque, le théâtre dans le théâtre et le pirandellisme.[1]

Les frontières entre la fiction et la réalité s'estompent, ce qui sème un trouble chez le spectateur ou lecteur qui s'attend ainsi aux passages brusques de l'une à l'autre. Dans *Electronic City*, il n'est pas clair si Tom et Joy ainsi que les voix appartenant à « l'équipe » correspondent à des figures réelles car les niveaux référentiels changent en permanence : le référentiel de la « fable », le « récit » réunissant les figures Tom et Joy, le tournage de film, l'ici et maintenant de la présence des acteurs et du travail de mise en scène. De surcroît, souvent chaque parole peut être attribuée à plusieurs référentiels – ce qui ouvre les possibilités de sens mais aussi de confusion car aucun point d'arrêt n'est marqué au cours de cette oscillation. Le lecteur ou spectateur « perd le fil » en permanence. Tantôt les voix constituent des commentaires, tantôt elles entrent dans l'action (dans de brefs dialogues avec Tom ou Joy), tantôt les figures Tom et Joy refusent de suivre les indications données par les voix. Ainsi, c'est la perception, celle des protagonistes *et* du lecteur/spectateur, qui « descend en vrille ». Mais toute la succession des scènes, malgré sa complexité, reste plausible au niveau de la technique de communication : « ce n'est pas la réalité qui se dissout, mais il devient de plus en plus difficile de s'en assurer »[2].

Les « lieux d'indétermination », ces parties du texte pouvant avoir plusieurs sens, prennent donc une place importante chez Richter. « L'ambiguïté est structuralement inscrite dans le texte »[3], l'illisibilité et l'incohérence étant intentionnelles. Dans cette forme ouverte, l'ambiguïté est

1. Jean-Pierre Ryngaert et Julie Sermon, *op. cit.*, p. 86.
2. Franz Wille, « Global denken, lokal kämpfen », *Theater heute*, n. 11, 2003.
3. Patrice Pavis, *op. cit.*, p. 354.

donc « une *fin* explicite de l'œuvre, une valeur à réaliser de préférence à toute autre »[1]. Par la forme choisie, Richter représente la crise mimétique et il crée une réflexion sur les impossibilités et les avatars de la représentation au théâtre d'aujourd'hui. On a donc affaire à un méta-théâtre qui questionne la crise de la représentation.

La folie du sujet comme rupture avec le système : le délire étouffé de Tom

Tom et Joy sont au bord de l'effondrement psychique et de la folie. Richter indique qu'ils sont tous les deux des sujets « borderline » (état-limite)[2]. Ils sont au bord de la psychose et dans un état de dépersonnalisation – ceci dans un système qui semble fonctionner lui-même d'une manière « borderline » puisque l'errance des sujets dans le temps et dans les « non-lieux »[3] y est devenue la norme. Selon Falk Richter, « le syndrome borderline décrit assez bien le comportement de la plupart des hommes qui sont catalogués comme étant complètement normaux car ils fonctionnent »[4]. Il se caractérise notamment par l'impossibilité pour le sujet d'être authentique, de se construire une identité propre.

Mais si les deux protagonistes sont dans un état d'errance psychique, la folie du sujet en rupture absolue avec le monde ne semble éclater que chez Tom, bien que Richter maintienne également une ambiguïté quant aux voix (hallucinatoires ?) traversant Joy. Une panique précède la

1. Umberto Eco, *L'Œuvre ouverte*, Seuil, 1962, cité par Sarrazac et al. (dir.), *Lexique..., op. cit.*, p. 161, article de K. Hausbei et G. Jolly.
2. Bernd Stegemann, « Ein Gespräch mit Falk Richter... », *op. cit.*
3. Marc Augé, *Non-lieux - introduction à une anthropologie de la surmodernité*, Seuil, 1992.
4. Bernd Stegemann, « Ein Gespräch mit Falk Richter... », *op. cit.*

catastrophe chez Tom. Désespéré de sa situation d'errance et de solitude, il crie :

> Hé ho personne ne m'entend ou quoi !!! HÉ HO IL Y A QUELQU'UN !!??[1]

Comme les voix l'indiquent, au moment de la catastrophe psychique, Tom commence à avoir des hallucinations, c'est-à-dire qu'il est envahi par des cris : « – intérieurement, en lui, quelque chose qui n'est pas LUI crie ». Puis d'autres voix interviennent. Il pourrait s'agir de voix des membres de l'équipe de tournage du film ou alors d'hallucinations entendues par Tom :

> – Tom, allez, crie
> TOM. Non, je ne peux pas
> – Essaie quand même
> TOM. Non, je ne peux pas, s'il vous plaît, je ne peux pas
> – Il se reprend, reste calme, en lui une voix qu'il ne connaît pas crie.[2]

Tom se retient de crier afin de ne pas apparaître fou. Un peu plus loin, à deux reprises, Tom refuse de rejouer une scène :

> – [...] Tom !
> *Pas de réponse.*
> Tom !!
> TOM. Non, s'il vous plaît, pas encore une fois
> – Mais essaie encore
> TOM. Non s'il vous plaît je ne peux pas, s'il vous plaît, s'il vous plaît non
> – Tom, relève-toi, on refait la chute, quelque chose n'allait pas dans le choc, moteur 17C, deuxième, crash, sang et action [...][3]

1. Falk Richter, *Electronic City, op. cit.*, p. 57.
2. *Ibid.*, p. 58.
3. *Ibid.*, p. 60.

– on reste calme, calme
– reste calme maintenant putain et essaie de te concentrer :
TOM. Je ne peux pas
– ressaisis-toi
TOM. Je ne veux plus je ne peux pas je veux m'en aller
– tu restes là !
TOM. Non !
– tu restes là, maintenant, ressaisis-toi !
TOM. Je ne veux plus jouer ça s'il vous plaît je veux jouer quelque chose d'autre un autre rôle s'il vous plaît s'il vous plaît un autre rôle
– Pour toi il n'y a que ce rôle et maintenant ressaisis-toi et finis plus ou moins ta vie d'une façon ou d'une autre sans trop foutre le bordel c'est tout ce qu'on te demande ![1]

C'est le comédien qui parle et en même temps la figure Tom qui veut jouer un autre rôle dans sa vie. La vraie vie de Tom ne constitue donc qu'une fiction. L'ambiguïté introduite par Richter qui propose plusieurs points de vue possibles questionne ainsi la pratique même de représentation au théâtre, ceci dans le contexte actuel d'une « crise de la représentation » caractérisée par une « passion du *réel* ».[2]

Tom se défend contre les injonctions des voix (voix de l'équipe de tournage ou voix hallucinatoires ?) qui font intrusion dans son monde. Ce refus peut se lire et s'entendre à deux niveaux : soit du point de vue du comédien incarnant la figure Tom se rebellant contre l'action qui lui est dictée par les voix, soit du point de vue de la réalité de la situation de l'homme d'affaires Tom se rebellant contre le système aliénant où il a perdu son authenticité. Il ne semble être qu'un personnage de fiction et sa subjectivité n'a aucune place dans ce système régi par les exigences de l'efficacité et de la flexibilité. La folie du sujet Tom est un moment paroxystique qui intervient comme une rupture avec le

1. *Ibid.*, p. 72/73.
2. Daniel Bougnoux, *La Crise de la représentation*, La Découverte, 2006, p. 14.

système dépersonnalisant. Richter indique ce moment, point tournant, d'une manière explicite dans la pièce :

> – Debout à côté de l'ascenseur égaré par la panique, il attend que quelqu'un passe par hasard, son cerveau ne cesse de lister des codes, en vain [...], c'est le moment où l'hôtel devient clinique, mais il n'a pas ses médicaments sur lui, ce Largactil[1] de merde, il est où ?[2]

Son vague souvenir de sa relation avec Joy ne parvient pas à lui redonner des repères. Tout lien avec l'autre disparaît et Tom vit une chute, un effondrement psychique :

> TOM. [...] dans mon cerveau ça explose comme un crash d'avion, je crashe, je me crashe, appel d'urgence, attention, je n'en peux plus, je suis hors service, je ne sais plus comment continuer, je ne reçois pas de signal du terminal [...][3]

Ce n'est que par bribes que Tom tente de se reconstruire une autre réalité, une réalité délirante. Mais ce délire est entrecoupé par plusieurs voix commentant le tournage d'un film dans lequel figureraient les scènes du délire de Tom. À peine ressurgie, la construction délirante de Tom (scène cauchemardesque de crash d'avion), construction subjective, semble étouffée car elle est cataloguée comme une simple scène d'un film de fiction. Le délire est coupé court et banalisé car il n'apparaît plus comme une construction du sujet Tom : celui-ci est donc dépossédé de son délire. La fonction de miroir de la condition aliénante de l'homme que la folie remplirait reste à l'état d'ébauche. La subjectivité de Tom s'exprime avant tout par un « non », par un refus du système lorsqu'il refuse de continuer à jouer son rôle.

---

1. Il s'agit d'un médicament neuroleptique agissant sur des symptômes psychotiques.
2. Falk Richter, *Electronic City*, *op. cit.*, p. 58.
3. *Ibid.*, p. 59/60.

D'un point de vue psychiatrique, la fiction délirante comme construction subjective s'impose comme une « évidence interne » au sujet.[1]

> – tous ces crashs, on ne peut pas les truquer, il faut les faire en vrai, c'était très cher [...]
> TOM. On est tous à terre. Personne ne bouge plus, tous regardent les restes d'avion écrasés et tous les tableaux indiquent
> Canceled ou twelve hours delay
> – Votre propos c'était aussi de[2]

Et plus loin :

> TOM. [...] Quelque chose de mort est couché à côté de moi et je crois, oui, je crois que c'est moi.
> – Séquence 17 Airport Terminal D nuit[3]

À plusieurs reprises, Tom manifeste sa peur d'être exclu du système du fait de sa folie (« Il court, se prend la tête dans les mains, se frappe la tête contre le mur, furieux, il aimerait crier, mais il n'ose pas, il a peur d'être embarqué »[4]) et il éprouve un vécu de chute, d'anéantissement (« Je ne sais pas, je ne sais plus, je cours, je me crashe, je tombe »[5]).

La folie du sujet comme objet-limite : « la catastrophe immanente au système »

Le monologue de Joy qui parle de son quotidien du travail de caissière est entrecoupé par des voix – semblant venir de l'équipe du tournage du film – qui nous indiquent qu'il s'agit

1. Julien Daniel Guelfi et al., *op. cit.*, p. 42.
2. Falk Richter, *Electronic City, op. cit.*, p. 61.
3. *Ibid.*, p. 77.
4. *Ibid.*, p. 83.
5. *Ibid.*, p. 84.

en fait d'un docu-soap sur la vie de Joy. Lorsque Joy est confrontée à une panne dans ce quotidien, le scanner de la caisse ne fonctionnant plus, elle éprouve une grande panique, sans pour autant glisser dans la folie. Mais la panne suscite également une panique chez les hommes d'affaires qui « commencent à péter les plombs »[1] car ils s'impatientent à la caisse. Le système qui est au bord de l'effondrement est menacé par la folie, qui constitue ainsi un « objet-limite » (Foucault). Il ne suffit que d'une panne comme celle du scanner de la caisse et les hommes d'affaires risquent de glisser dans la folie et le passage à l'acte. L'effondrement de la bourse, provoqué par les retards des hommes d'affaires, et l'effondrement psychique de ces mêmes hommes vont de pair :

> – [...] le courtier qui se crashe et qui, dans son crash, anéantit tout son environnement. La catastrophe immanente au système.[2]

La folie du sujet refusant de jouer son rôle menace le système et elle est susceptible de le dérégler et de le détruire :

> – Il faut que tout soit simple et compréhensible sinon des processus incontrôlables se mettent en marche
> JOY. Dans la vie, il s'agit de maintenir les complications au plus bas et juste de fonctionner un moment sans immédiatement précipiter tout et tout le monde dans la folie. Ça, ce serait un but ! [3]

Dans la scène qui suit, un extrait du docu-soap « Joys World – a world of Joy », le lecteur ou spectateur apprend que la première rencontre entre Joy et Tom s'est faite dans la violence. Il existe deux versions : dans la première version

1. *Ibid.*, p. 65.
2. *Ibid.*, p. 66.
3. *Ibid.*, p. 76.

ils n'arrivent pas jusqu'à l'agression physique (« on se serait presque battus »), tandis que dans la deuxième version tous les deux passent à l'acte :

> TOM. Dégage ou je tire sur tout ce qui bouge, je fous le feu à tout ça, je vous descends tous, à commencer par toi, salope, tu piges.
> JOY. J'ai frappé Tom en plein visage. Il s'est effondré par terre, s'est relevé d'un bond et m'a frappée à son tour, on était en sang.[1]

La confusion du lecteur ou spectateur s'accentue de plus en plus : en effet, il n'arrive plus à distinguer le docu-soap, où il s'agit de Joy et Tom, de l'histoire « originale » (s'il y en a une) et celle-ci semble se dissoudre dans le film.

Après leur violente rencontre, le système apparaît complètement déréglé et il est en train de s'effondrer comme l'énonce Tom :

> Des centaines de pères de famille au chômage, une perte de production massive, chute des taux, récession, inflation, pas de gains, pas d'intérêts, maintenant ils meurent tous de faim et les fonds s'écroulent, et on va tous les effacer and then what ?[2]

Tant au niveau des thèmes (perte d'identité, chute mélancolique, catastrophe, vécu de mort, etc.) qu'au niveau de la forme diffractée, l'ensemble de la pièce peut se rapprocher d'un délire à coloration mélancolique. Notamment les « zappings » entre les différentes scènes et les changements rapides entre les points de vue multiples ressemblent au coq-à-l'âne caractérisant le discours délirant dissocié. *Electronic City* dépeint ainsi une vision cauchemardesque du monde actuel qui est devenu illisible et où le sujet se dissout.

---

1. *Ibid.*, p. 78.
2. *Ibid.*, p. 79.

À la fin de la pièce, transparaît l'amorce d'un contre-modèle et d'une perspective unificatrice des subjectivités éclatées. C'est l'utopie d'un système différent, « qui n'est pas de ce monde », où la subjectivité et la rencontre avec l'autre pourraient trouver une place sans les « dommages collatéraux », le prix à payer, de la dépersonnalisation et de la folie. Mais comme les scènes précédentes, cette scène à l'allure irréelle apparaît également comme un extrait d'un film de fiction, d'un « happy end » :

> – La folie des chiffres s'interrompt
> *Pause, silence, pendant un moment on n'entend rien.*
> JOY, *sur une plage de musique planante, qui n'est pas de ce monde.* [...] on pourrait enfin se parler en live dans le lounge K.L.M., j'aimerais tellement juste un instant poser ma tête sur ton épaule...
> TOM *continue.* ... te prendre dans mes bras, t'embrasser, on pourrait vite aller aux toilettes pour hommes, ou là au terminal 4 il y a aussi cet espace prière, il n'y a jamais personne, on pourrait peut-être vite
> *Joy rit.*
> JOY. Je t'aime.
> TOM. Tu me fais peur.
> *Joy rit.*
> TOM. Tu me manques
> – On les entend tous deux respirer, incertains, prudents
> *La suite est plutôt une suite de questions, sans réelle assurance.*
> JOY. On va y arriver.
> TOM. Oui. On va y arriver.[1]

1. *Ibid.*, p. 86.

SOUS LA GLACE –

LA FOLIE DE JEAN PERSONNE

Worte können sein wie winzige Arsendosen : sie werden unbemerkt verschluckt, sie scheinen keine Wirkung zu tun, und nach einiger Zeit ist die Giftwirkung doch da.

Les mots peuvent être comme de minuscules doses d'arsenic : ils sont avalés d'une manière inaperçue, ils ne semblent faire aucun effet, mais après quelque temps l'effet toxique est là.[1]

Victor Klemperer, *LTI.*

Das System

Richter a écrit la pièce *Sous la glace* (*Unter Eis*) dans le cadre du cycle de « work in progress » intitulé *Das System*, en collaboration avec le dramaturge Jens Hillje et en relation réciproque avec la mise en scène, le jeu des comédiens, la création de la musique, du décor et de la vidéo-projection. Au moment de commencer le travail sur *Das System*, la version définitive d'*Electronic City* existait déjà, ce qui n'est pas le cas de *Sous la glace.*[2] Richter expose, met à nu en quelque sorte le processus d'écriture et de mise en scène de la pièce *Sous la glace* dans un ouvrage sur *Das System*[3]. Son point de départ est la prise de conscience de son

1. Victor Klemperer, *LTI – Notizbuch eines Philologen*, Reclam, Leipzig, 2001, p. 27.
2. Richter a tenté de se positionner comme auteur avec *Electronic City*, d'où son souhait que cette pièce soit montée par d'autres metteurs en scène comme le souligne Anne Monfort (entretien du 27/10/09 à Paris).
3. Falk Richter, *Das System – Materialien Gespräche Textfassungen zu 'Unter Eis'*, Theater der Zeit, Recherchen 22, 2004.

impossibilité à se situer à l'extérieur du système occidental néolibéral :

> On est toujours une partie du système si on vit ici, aussi comme auteur, aussi et surtout comme homme de théâtre.[1]

Richter réagit à plusieurs événements, comme le 11 septembre 2001, la guerre en Afghanistan et en Irak. Il décrit son projet comme suit :

> Il est question ici d'expérimenter et de chercher une nouvelle forme de théâtre politique, une nouvelle forme de recherche et de découverte. Le système et la peur du vide intérieur.[2]

Il associe donc d'emblée une thématique qui concerne le collectif à celle du sujet, de l'intime. Richter propose aux spectateurs ainsi qu'à ses collaborateurs d'analyser la complexité de notre système, de « notre mode de vie », qui est le sous-titre du cycle (le même que celui de la pièce *Electronic City*). C'est une citation du propos de Gerhard Schröder, selon qui l'intervention militaire en Afghanistan défendait « notre mode de vie », mots qu'il empruntait à Georges Bush. Il s'agit donc de sonder le mode de vie des civilisations occidentales et du néolibéralisme, et ses retentissements sur le destin de chacun dans sa vie privée ainsi que dans sa vie professionnelle. Le système est un ensemble, un contexte dans lequel sont pris et auquel participent un manager d'une multinationale et aussi un metteur en scène de théâtre.

Conçu comme un laboratoire et un forum, *Das System* s'est déroulé à la Schaubühne à Berlin de janvier à mai 2004. Les moyens d'intervention et les expressions artistiques sont diversifiés. Dans le cadre de soirées à thème, les

1. Anja Dürrschmidt, « Das System wird gestartet », *op. cit.*
2. Falk Richter, *Unter Eis - Stücke, op. cit.*, p. 395.

représentations des pièces de théâtre[1] sont accompagnées de conférences, performances, discussions, projections de films et lectures de textes.

Le cycle *Das System* décrit notre société à partir de la perspective des « médias, de l'économie et des situations de violence et de guerre ».[2] Il s'est déroulé en Allemagne dans un contexte socio-économique marqué par un taux de chômage élevé. Les problématiques comme la délocalisation des entreprises et les licenciements étaient très présentes dans le débat publique. En France, c'est Stanislas Nordey qui a monté plusieurs textes et pièces de Richter, notamment *Sous la glace*, sous le titre *Das System* au festival d'Avignon en 2008.

Unter Eis (*Sous la glace*)[3]

Dans cette pièce, il s'agit de trois consultants en entreprise : deux jeunes (Charles Soleillet, 35 ans et Aurélien Papon, 28 ans) et un plus âgé (Jean Personne, entre 40 et 50 ans). Ce dernier parle de ses souvenirs d'enfance qui sont marqués par la froideur, la solitude et l'isolement psychique. Il a contribué à de nombreux licenciements pendant sa carrière et n'étant plus à la hauteur des critères de rentabilité et d'efficacité, il finit par se faire licencier par ses jeunes collègues. Une quatrième figure, un garçon (entre 9 et 13 ans), une « copie » de Jean Personne, apparaît au cours de la deuxième moitié de la pièce.

---

1. *Electronic City* - texte de Richter, mise en scène de Kühnel ; *Sous la glace* et *Hotel Palestine* - texte et mise en scène de Richter ; *Amok — Weniger Notfälle*, textes de M. Crimp, mises en scène de Richter.
2. Anja Dürrschmidt, préface de Falk Richter, *Das System...*, *op. cit.*
3. Anne Monfort a mis en scène *Sous la glace* pour la première fois en France en 2007.

Les figures de consultants d'entreprise dans *Unter Eis* sont « plutôt une proposition d'identification qu'un cliché de l'ennemi proprement dessiné ».[1]

Le processus d'écriture de plateau

Le point de départ de l'écriture est un souvenir d'enfance de l'auteur. Falk Richter écrit le premier texte-matrice de la pièce, un monologue[2] (celui du personnage qui allait devenir Jean Personne) dans le cadre du « Festival Internationaler Neuer Dramatik » organisé par la Schaubühne à Berlin.

La figure de « Paul Niemand » (« Jean Personne ») émerge au cours de l'écriture et se modifie à plusieurs reprises. Anne Monfort souligne que cette figure constitue le prolongement de la figure Tom dans *Electronic City*. En effet, dans un texte qui annonce la pièce à venir, elle s'appelait encore « Tom »[3]. Ainsi, « Jean Personne serait Tom qui aurait vieilli »[4].

> L'idée de base fut la suivante : un homme, qui est très sensible et qui perçoit beaucoup de choses, mais qui a été introduit de force dans quelque chose qu'il ne veut pas vivre.[5]

Dans la première version de la pièce (août 2003), la figure – alors nommée « Mr. Nobody » – est dépeinte comme une victime du système qui est internée dans une clinique psychiatrique pendant deux ans après un passage à l'acte

1. Peter Laudenbach, « Die radikale Geste! Die radikale Geste! Die radikale Geste! Das System. Über Falk Richters 'Unsere Art zu leben' » in : Falk Richter, *Das System*, *op. cit.*
2. Falk Richter, « Si on s'écrase maintenant, on meurt de froid avant même d'atteindre le sol », trad. Anne Monfort, www.falkrichter.com.
3. Voir « le journal de Tom » dans « Autofiction », www.falkrichter.com
4. Dixit Anne Monfort, entretien à Paris, le 27 octobre 2009.
5. Anja Dürrschmidt, « Das System wird gestartet », *op. cit.*

meurtrier. Ce consultant « Mr. Nobody » se révèle comme ayant une grande sensibilité musicale et devient compositeur.

Dans la version de janvier 2004, celle du début des répétitions, la langue de Paul Niemand est confrontée avec celle d'autres consultants plus jeunes. Il est présenté à la fois comme un malfaiteur et une victime du système qui est exposé à un brouhaha orageux de voix (venant soit des autres figures, soit d'enregistrements).

Les figures de consultants se modifient à partir du travail de répétition et des échanges avec les comédiens. Dans la dernière version, celle sur laquelle se basent les représentations dans le cadre de *Das System*, le discours des deux consultants jeunes occupe presque autant de place que celui du protagoniste Jean Personne. Les passages sur le protagoniste compositeur potentiel et la clinique psychiatrique ne sont pas gardés par Richter ; ceux-ci laissent la place à la langue des consultants.

Afin de pouvoir éclairer le mode de vie des consultants, Richter a fait de nombreuses recherches. Le matériel issu d'un film documentaire, *Grow or Go* de Marc Bauder, ne fut intégré qu'après la première version du texte (août 2003)[1]. Ce film étudie le mode de vie et la pensée des consultants à travers leur langue, celle qui véhicule l'idéologie de l'efficacité. Richter introduit alors les deux autres consultants comme porte-voix de cette langue qui lui apparut d'abord comme une « langue étrangère »[2]. Il a créé un collage en insérant dans la fiction certaines parties du texte issues telles quelles du film, notamment dans la « Première réunion d'évaluation - Rejet évident ». Cette technique de l'intertextualité permet ainsi de « fictionnaliser » des extraits de la réalité. La non-visibilité de la frontière entre réalité et fiction place le spectateur

1. Extraits publiés dans : Falk Richter, *Das System...*, *op. cit.*
2. Falk Richter et Thomas Thieme, « Jenseits der Sentimentalität », *op. cit.*

dans une incertitude permanente. Dans le théâtre de Richter, c'est à travers la langue que l'intérieur du système s'expose lui-même. Il se distingue donc du théâtre documentaire de Hochhuth et de Weiss qui portent un regard critique extérieur sur un fonctionnement en se basant sur des faits, des informations « objectives », pour dénoncer une certaine réalité, ceci en distinguant les coupables ou responsables des victimes.

Richter associe l'écriture autobiographique à l'analyse de la langue des consultants qui reflète le monde extérieur auquel est confronté Jean Personne :

> Dans *Sous la glace*, une écriture très personnelle et émotionnelle allait de pair avec l'analyse d'une thématique objective, à savoir la langue des consultants. Je voulais trouver une manière d'étudier des systèmes et pourtant provoquer une soirée émouvante.[1]

La langue lisse des consultants se révèle au cours du processus d'écriture comme étant de plus en plus en contrepoint à la langue « lyrique » et à la folie du sujet, incarnées par Jean Personne. Ce contraste a encore été accentué par Richter dans son adaptation de *Sous la glace* en opéra. Au cours de la pièce, Jean Personne, qui apparaît d'abord comme une figure dont émane une force, est recouvert et supplanté au fur et à mesure par l'idéologie de l'efficience incarnée par les deux autres consultants.

Au lieu de représenter soit des consultants d'une manière négative en les diabolisant, soit la situation de leurs victimes, Richter tente de complexifier notre regard sur le système. Dans *Sous la glace*, les consultants en sont aussi des victimes et leur souffrance est mise en exergue, notamment celle de Paul Niemand/Jean Personne. Thomas Thieme – le comédien qui a créé le rôle de « Paul Niemand » (Jean Personne) à la Schaubühne – considère que *Sous la*

1. Anja Dürrschmidt, « Das System wird gestartet », *op. cit.*

glace est la première pièce dans laquelle est montrée toute la complexité de la relation victime-malfaiteur et non seulement les points de vue des victimes.[1] Jean Personne est un agent du système néolibéral qui est « broyé par le monde qu'il a contribué à créer »[2].

La forme et la structure de la pièce

Comme dans d'autres pièces de Richter, « l'ensemble du texte repose sur le principe du *sample* et du *zapping* », c'est-à-dire qu'il « réutilise des mots de tous les jours, des slogans politiques pour les interroger et 'dissoudre' leur familiarité ».[3]

La structure de *Sous la glace* est plus lisible que celle d'*Electronic City*. La pièce est divisée en 14 scènes ou parties dont la plupart sont des longs monologues, d'autres ne sont pas des dialogues au sens strict. Par exemple, dans la deuxième partie intitulée « core values » Aurélien Papon et Charles Soleillet prennent la parole pour énumérer les directives des consultants en entreprise (« Accepter le risque », « capitaliser les opportunités du marché », etc.). Deux autres parties (« première réunion d'évaluation - rejet évident » et « réunion d'évaluation 2 - on est vraiment une super équipe »), qui en apparence semblent avoir une forme de dialogue, copient en réalité les entretiens d'évaluation de consultants dont certains passages sont repris tels quels du documentaire *Grow or Go*. Dans *Sous la glace,* il n'y a pas de fable et « on peut difficilement parler de drame, d'action avec un début et une fin »[4].

Des motifs cycliques sont repris d'une scène à l'autre : l'image du chat tombant dans le canal — auquel Jean

1. Falk Richter et Thomas Thieme, *op. cit.*
2. Anne Monfort, « 'Sous la glace' de Falk Richter », *op. cit.*
3. *Ibid.*
4. *Ibid.*

Personne s'identifie d'abord pour s'y confondre de plus en plus à la fin de la pièce – et le motif sonore « Paging Jean Personne ». La structure de la pièce est très monologuale (comme notamment dans *Dieu est un DJ*), ce qui constitue « un symptôme et index pour le déplacement postdramatique du concept de théâtre »[1]. En effet, « le monologue de personnages sur la scène renforce [...] la certitude de notre perception que l'action dramatique est une réalité dans l'espace-instant authentifiée par l'implication du public »[2]. Il n'y a donc pas de déroulement dramatique et « l'histoire et la temporalité ont disparu au profit d'un éternel présent, celui de l'acteur au travail »[3]. Il semble que l'histoire de l'enfance de Jean Personne vient remplacer le déroulement dramatique (comme dans *Hamlet, a monologue* de Robert Wilson où le monologue de Hamlet qui se questionne sur sa propre histoire tient lieu d'action dramatique).[4]

Comédiens, figures et personnages

Dans son travail d'auteur-metteur-en-scène, Richter se base beaucoup sur les propositions des comédiens. Cette approche par le collectif a été accentuée dans le cycle *Das System*. Richter a créé la figure de Jean Personne en identifiant celle-ci de plus en plus au comédien Thomas Thieme.[5]

En ce qui concerne le jeu des comédiens, nous sommes dans une forme de distanciation : « les comédiens ne cessent de désigner la distance qui les sépare du rôle, de

1. Hans-Thies Lehmann, *Postdramatisches Theater, op. cit.*, p. 231.
2. *Ibid.*, p. 229/230.
3. Anne Monfort, « 'Sous la glace' de Falk Richter », *op. cit.*
4. Hans-Thies Lehmann, *op. cit.*, p. 228.
5. Anja Dürrschmidt, « Das System wird gestartet », *op. cit.*

l'identité »[1]. Dans *Sous la glace* interviennent plutôt des figures, et non pas des personnages proprement dits, avec une identité stable et des traits de caractère. Mais à la rigueur, on pourrait parler de personnage pour Jean Personne dans le sens où celui-ci nous livre son histoire personnelle sans pour autant s'inscrire dans une action dramatique. Il est « le point de départ des autres apparitions scéniques »[2] et occupe une place à part. Son discours exprime une subjectivité et une souffrance, contrairement à celui des autres consultants, Aurélien Papon et Charles Soleillet, incarnant le discours du système imprégné de la logique de l'efficacité. Le jeune garçon, qui apparaît dans la septième partie, est qualifié de « copie de Jean Personne ». Richter est parti de l'idée de considérer les consultants plus jeunes comme des « surfaces de langue » mais la différence entre les deux s'est dessinée au fur et à mesure des répétitions pour que finalement émergent « deux types opposés »[3].

Le lien étroit qui s'est noué entre les figures et les comédiens qui finissent par s'identifier les uns aux autres apparaît clairement à la fin de la pièce où « *les comédiens sont morts de froid* »[4] pendant le dernier monologue.

La langue

La langue parlée est au cœur de l'écriture et de la mise en scène. Selon Richter,

> la langue est l'action, c'est-à-dire ce qui agit dans la pièce. Je commence par concevoir mes pièces d'un point de vue

1. Anne Monfort, « 'Sous la glace' de Falk Richter », *op. cit.*
2. *Ibid.*
3. Anja Dürrschmidt, « Das System wird gestartet », *op.cit.*
4. Falk Richter, *Sous la glace*, in : Falk Richter, *Hôtel Palestine, Electronic City, Sous la glace, Le système*, trad. Anne Monfort, L'Arche, 2008, p. 139.

strictement langagier, du point de vue du contenu et des sonorités, et non du point de vue des personnages. Souvent ce sont les comédiens de la création qui les introduisent malgré tout dans le texte, car ils luttent comme des fous pour créer un personnage ; ils ne savent tout simplement pas quoi jouer d'autre. Mais je m'y plie avec plaisir.[1]

Richter analyse, décrypte et critique l'idéologie des élites économiques véhiculée par les « abus de la langue »[2] du business (travail déjà amorcé dans *Electronic City*). Cette langue se trahit lorsqu'elle est détachée de son contexte habituel et replacée dans la fiction destinée à la scène. La langue de « coolness » des consultants imite la langue superficielle et creuse du business et des médias. Elle peut basculer à tout moment vers la langue de la folie, du délire, comme c'est le cas chez Jean Personne.

Une inquiétante étrangeté est suscitée chez le lecteur ou spectateur car « le matériel documentaire, des images objectives de la réalité et la paranoïa, le délire fébrile et une dose d'apocalypse » se côtoient de très près : « soudainement, des phénomènes connus brillent dans des couleurs étrangement inquiétantes ».[3] Le caractère lisse et froid de la langue des consultants apparaît, mais petit à petit, des failles dans ce discours deviennent visibles, notamment par un doute, une hésitation dans le discours :

CHARLES SOLEILLET. On se fait encore un squash aujourd'hui ?
Bref silence.
AURELIEN PAPON. Euh enfin j'ai beaucoup beaucoup de[4]

1. Anja Dürrschmidt, « Das System wird gestartet », *op. cit.*, trad. Anne Monfort, www.falkrichter.com.
2. Jens Hillje, « Effizienz ist ja eigentlich was Schönes », entretien avec Anja Dürrschmidt, in : Falk Richter, *Das System, op. cit.*
3. Peter Laudenbach, « Die radikale Geste !... », *op. cit.*
4. Falk Richter, *Sous la glace, op. cit.*, p. 129.

Un théâtre de la pensée

Dans *Sous la glace*, il est question de « la pensée technocratique des consultants », « la désertification intérieure » et « la déshumanisation des relations ». Richter tente de répondre aux questions suivantes : « Comment travaillent ces hommes [les consultants], quelle conception de l'homme ont-ils ? À quoi ressemble leur psychisme ? » et « Jusqu'à quel point cette pensée est-elle devenue notre système de pensée ? »[1] Il se centre donc sur la vie psychique et la pensée qui subit l'impact de la logique de l'efficacité incarnée par les deux consultants jeunes : « l'évidement psychique » résulterait du fait que les hommes sont « évalués comme des objets »[2].

« Il y a un aspect presque scientifique » dans le fait de placer des personnages « dans un milieu et de voir ce qui se passe ».[3] Ainsi, il s'agirait d'analyser dans les moindres détails le psychisme du protagoniste Jean Personne – toute la pièce pouvant être considérée comme la projection de son vécu psychique. C'est dans ce sens que le théâtre de Richter se penche sur l'intrasubjectif, sur l'intime, et qu'il évoque le « théâtre de la pensée » décrit par Joseph Danan. *Sous la glace*, en tant que monodrame et espace intérieur de Jean Personne, peut être rapproché du théâtre expressionniste du début du 20ème siècle, comme par exemple la pièce *Le Fils* de Hasenclever où l'ensemble de l'action représente ce qui se joue au niveau psychique pour le protagoniste (notamment ses fantasmes et l'irruption du pulsionnel). Ce qui apparaît sous forme de conflits entre les différents personnages est une figuration de ses conflits psychiques. Dans *Sous la glace* est saisi le mouvement de la pensée de Jean Personne, le « montage » et le « tressage » de ce que

---

1. Anja Dürrschmidt, « Das System wird gestartet », *op. cit.*
2. *Ibid.*
3. Dixit Anne Monfort, entretien à Paris, le 27 octobre 2009.

traverse son moi[1]. Richter indique que la onzième partie (« *Réunion d'évaluation 2 – On est vraiment une super équipe* ») constitue la projection du vécu psychique de Jean Personne :

> *La situation dégénère, les personnages sont en proie à un étrange délire [...]. La scène a quelque chose d'irréel : cauchemar de Jean Personne.*[2]

La vie psychique des figures de *Sous la glace* se caractérise par une errance et une perte d'identité avec un vécu de vide intérieur, de « glaciation », c'est-à-dire de froideur affective liée à une absence de désir. Comme dans *Electronic City,* ce fonctionnement « borderline », qui constitue la norme du système dépeint par Richter, est au bord de la folie proprement dite, comme celle qui éclate chez Jean Personne.

Êtres-parlés

Les figures de *Sous la glace* sont des « êtres-parlés ». Elles sont traversées à la fois par le discours de l'efficacité du business ainsi que par les discours publicitaire et pornographique. Dans le monologue de Jean Personne, ces différents discours se rejoignent, et finissent par se confondre :

> Le soir j'étais scotché devant la télé à regarder RTL ou ces spots publicitaires en boucle pour le téléphone rose, je n'arrivais pas à m'en détacher,
> Je me dégoûtais, mais je n'arrivais pas à m'en sortir, c'était comme une drogue :
> baiser, baiser, baiser, acheter, acheter, acheter,

1. Joseph Danan, *op. cit.*, p. 336.
2. Falk Richter, *Sous la glace, op. cit.*, p. 127.

> des dominas, des ménagères lubriques, elles veulent toutes que je les appelle, elles veulent toutes faire l'amour avec moi.
> Ce vacarme dans ma tête ! Je ne dormais plus, porno porno porno
> Licenciement licenciement licenciement, développer sans cesse de nouveaux concepts, comment se débarrasser de qui [...]
> pornos rationalisés, pornos flexibilisés, putain de merde de pornos délocalisés [...][1]

Contrairement aux deux jeunes consultants, Jean Personne tente de se détacher des voix par lesquelles il est traversé, du « vacarme » dans sa tête.

Les voix anonymes venant des haut-parleurs à l'aéroport ont un statut particulier. Jean Personne y est exposé tout en cherchant à se faire nommer par elles (puisqu'elles l'appellent par son nom). Elles lui permettent d'occuper une place, singulière, de celui qui refuse de se présenter à l'embarquement, ce qui peut être considéré comme une tentative de résistance.

Glaciation, errance et dépersonnalisation dans un monde stérile

L'espace froid de business apparaît comme une suite logique de la triste enfance de Jean Personne. La pièce se termine avec la didascalie suivante :

> *La neige tombe, pendant le dernier monologue les comédiens sont morts de froid, l'enfant s'appuie sur la table à côté de ses dossiers comme le dernier client dans un bar d'hôtel et boit un whisky.*[2]

1. *Ibid.*, p. 119/120.
2. *Ibid.*, p. 139.

Le thème de la glaciation traverse toute la pièce :

> [...] ils sont gelés SOUS LA GLACE
> ils ont mis au monde un fils, un seul, parce que ça se fait, quoi[1]

Il apparaît dans l'univers enfantin de Jean Personne et à travers le motif du chat tombant de la fenêtre et se congelant dans le canal. Ces motifs de la glaciation expriment un état où « le temps s'abolit »[2]. Ils sont des métaphores de la solitude des consultants dans le monde du business régi par l'efficacité et par l'absence de désir et de subjectivité. Les figures des pièces de Richter sont en quête d'identité. Elles ont

> toujours une difficulté à se situer, à identifier leur environnement spatio-temporel. [...] Dans *Sous la glace*, cette errance revêt une double dimension : la perte d'identité tragique de Jean Personne qui se demande 'qui sont ces gens ?' et la fable idyllique et ironique d'Aurélien Papon dans la dernière scène, qui rêve d'un monde où l'homme a disparu et a été remplacé par des objets.[3]

Le discours de Jean Personne manifeste une souffrance mélancolique. Il relate son errance, sa dépersonnalisation et son vécu d'abandon dans l'univers stérile et vide. Celui-ci n'est pas sans rappeler les « aquariums tièdes »[4] dont Foucault qualifie les lieux aseptisés en psychiatrie :

> JEAN PERSONNE. [...] tout disparaît loin de moi, tout, tout, je ne retrouve plus, plus rien, rien, personne,
> Il n'y a plus que la télévision et l'aquarium,
> un poisson tout seul dans l'aquarium et rien d'autre que quelques cailloux et une plante endormie qui n'en a plus pour

1. *Ibid.*, p. 92.
2. Anne Monfort, « 'Sous la glace' de Falk Richter », *op. cit.*
3. *Ibid.*
4. Michel Foucault, « La folie, l'absence d'œuvre », *op. cit.*

> longtemps non plus, mon seul cadeau d'anniversaire : un poisson suicidaire dans un verre vide, il est tellement seul qu'il ne va pas tarder à tomber mort.[1]

Le lieu de *Sous la glace* est

> *une grande salle de conférence anonyme. Les personnages sont assis à une grande et longue table, derrière des micros, comme pour une conférence de presse ou une réunion de management. Tout donne l'impression que c'est leur cadre de vie, qu'ils n'en sortent pas, qu'ils se sont installés ici définitivement.*[2]

Les figures se trouvent dans un état d'errance et ils ont « transformé en leur milieu naturel un lieu transitoire »[3]. Mais il semble que les deux consultants plus jeunes, Charles Soleillet et Aurélien Papon, se soient parfaitement adaptés à cet environnement déshumanisant. Ils se fondent dans le décor en tant que « néo-sujets »[4], ou égos grégaires qui ont évacué le doute, la critique et la souffrance . Ces personnes « états-limites », au bord de la psychose, ont un discours qui est « lisse et impassible »[5]. Ce qui pourrait apparaître comme une originalité, une créativité de ces deux jeunes consultants est en réalité mis au service de l'efficacité, donc instrumentalisé et évidé de subjectivité :

> Ma comédie musicale est conforme à l'ensemble des résultats du questionnaire analysé par Charles et situe l'action du premier acte au sein d'un groupe de lions de mer en Antarctique [...][6]

---

1. Falk Richter, *Sous la glace, op. cit.*, p. 107.
2. *Ibid.*, p. 88.
3. Anne Monfort, « 'Sous la glace' de Falk Richter », *op. cit.*
4. Jean-Pierre Lebrun, *La Perversion ordinaire - vivre ensemble sans autrui*, Denoël, 2007, p. 359.
5. Dany-Robert Dufour, *Le Divin Marché - La révolution culturelle libérale*, Denoël, 2007, p. 53.
6. Falk Richter, *Sous la glace, op. cit.*, p. 124.

À certains moments, les surfaces stériles et lisses se fragilisent, notamment dans la dernière partie de la pièce. Dans son monologue intitulé « C'est étrange ici, sous la glace », le consultant Aurélien Papon décrit un monde qui n'est peuplé que d'objets et dans lequel les humains ont disparu. Son discours se rapproche d'un délire maniaque, exalté, dont toute souffrance est exclue. Néanmoins, l'amorce d'un questionnement et d'un doute émerge :

> [...] le monde que nous avons créé n'est pas du tout fait pour nous, nous l'avons créé pour quelqu'un d'autre, mais qui ? on ne sait pas ?[1]

Nous apprenons finalement qu'Aurélien Papon est déjà mort au moment où il prend la parole et avec lui tous les autres consultants :

> [...] le monde que nous avons construit n'est pas destiné à l'homme, il est destiné à autre chose, à la télévision peut-être ou peut-être à toutes ces nombreuses et belles caméras de vidéosurveillance que nous avons installées avant notre mort à tous [...][2]

Pour l'écriture et la mise en scène de *Sous la glace*, Richter s'inspire des « non-lieux », des espaces impersonnels du monde actuel (immeubles de bureau) et des espaces de passage, comme les salles d'embarquement à l'aéroport, reflétant la solitude du sujet contemporain. De la même façon que Tom dans *Electronic City*, Jean Personne est en quête d'identité et il a du mal à se situer :

> JEAN PERSONNE, *en même temps que l'enfant* [...]
> Ce n'était pas moi qui courais travailler ici le matin

---

1. *Ibid.*, p. 137/138.
2. *Ibid.*

Ma vie coulait lentement hors de moi
C'était ailleurs, pas ici, pas en moi.[1]

Dans *Sous la glace* « le temps s'est arrêté dans une perspective anhistorique, négatrice du passé »[2] où le sujet, dans le sens psychanalytique de sujet du désir porteur d'un discours singulier, ne semble pas avoir de place. L'enfant, le « clone » de Jean Personne, qui est soumis au même titre que les adultes à la logique de l'efficacité, déclare :

Je n'ai plus de vie devant moi
La vie qui m'attend a déjà été vécue mille fois[3]

Au lieu de permettre au sujet de se construire et de se projeter, l'environnement indifférencié et anonyme semble entraîner une dé-subjectivation.

Richter imite la langue sobre de « coolness analytique » du business et des médias. Mais « entre la paranoïa, le délire et la surface stérile de la situation normale, dont a été établi avec sang-froid le procès-verbal, les frontières ne sont pas trop stables ». Ainsi, « les descriptions sobres des surfaces peuvent basculer à tout moment vers la construction de mondes délirants paranoïaques ». La langue du business et des médias se transforme en délire.[4]

La « dépsychologisation » et le « formalisme » du théâtre postdramatique suscitent une impression de froideur chez le spectateur.[5] Dans *Sous la glace*, celle-ci est encore accentuée par la présence du discours stérile et anonyme qui est dit par les consultants jeunes :

---

1. *Ibid.*, p. 119.
2. Anne Monfort, « 'Sous la glace' de Falk Richter », *op. cit.*
3. Falk Richter, *Sous la glace*, *op. cit.*, p. 136.
4. Peter Laudenbach, « Die radikale Geste!... », *op. cit.*
5. Hans-Thies Lehmann, *Postdramatisches Theater*, *op. cit.*, p. 162.

> […] nous sommes des consultants et nous représentons 'la théorie pure', nous représentons la logique économique. Qui s'appuie sur les faits, pas sur les opinions.[1]

Dans la septième partie apparaît l'enfant, le « *clone de Mr Nobody* » qui « *chuchote des suites de nombres et de cotations d'actions dans le micro* » :

> LONDON Aberdeen Global AMSTERDAM ABN Amro Investment Management TOKYO ACM Offshore Funds NEW YORK Activest Investment [...][2]

Ainsi, l'environnement propice à l'errance et à la dépersonnalisation qui est décrit au niveau spatial et temporel dans *Electronic City* l'est également - et ceci avec beaucoup de précision - au niveau langagier dans *Sous la glace.*

Le délire de Jean Personne

La surface stérile est représentée par le discours des deux consultants jeunes, tandis que Jean Personne parle une autre langue, celle du « cœur », comme le souligne Richter. Cette langue cherche à s'affirmer face aux discours dépersonnalisants par lesquels il est traversé. Ainsi, il cherche à quitter le « ghetto » que lui « impose un certain jargon »[3]. L'enfant semble exprimer les deux versants, comme s'il oscillait entre les deux discours : il est à la fois porte-voix du flux de termes boursiers et il apparaît aussi comme un porte-voix de la souffrance, de l'anéantissement subjectif de Jean Personne :

1. Falk Richter, *Sous la glace, op. cit.*, p. 110.
2. *Ibid.*, p. 118.
3. Barbara Engelhardt, *op. cit.*

Je vous donne ma vie et vous en faites un espace vide
Un monstre d'insensibilité qui se précipite dans l'univers voilà ce que je suis
Une absence qui supporte la solitude le vide l'insupportable[1]

Dans le « cauchemar » de Jean Personne - qui peut aussi être lu comme son délire - l'enfant, en tant que figure hallucinatoire créée par le protagoniste, surgit comme le successeur de celui-ci. Jean Personne prend le rôle de l'évaluateur de l'enfant en étant secondé par les deux consultants jeunes. Il s'éjecte donc lui-même du système et sa place est prise par son double en miniature.

Tout le long de la pièce, son discours évolue pour glisser de plus en plus vers le délire. Dans les premières parties de la pièce, très lyriques, Jean Personne semble tenter de reconstruire son histoire, d'en faire une narration :

J'étais un petit garçon sous le soleil,
et je parlais de mille voix,
car personne ne voulait être mon ami,
personne ne voulait jouer avec moi.[2]

Le récit de son enfance qui prévaut dans les premières parties est disséminé par fragments de souvenirs, en écho à sa vie professionnelle, dans toute la pièce. Dans les parties suivantes, son discours fait référence à sa situation actuelle qui lui semble sans issue :

[...] et chaque matin avant de prendre le métro pour aller au travail dans cet immense bureau je regarde ce chat mort de froid pendant vingt minutes et je pense : 'Bientôt je serai couché là, bientôt c'est moi qui serai couché là', et je ne sentirai plus rien, je serai juste couché là, à congeler lentement.[3]

---

1. Falk Richter, *Sous la glace, op. cit.*, p. 136.
2. *Ibid.*, p. 89.
3. *Ibid.*, p. 122.

Ensuite il bascule de plus en plus dans le délire avec une coloration mélancolique. Ce délire est au premier plan à la fin de la pièce, après le licenciement de Jean Personne par ses jeunes collègues (partie intitulée « Jean Personne – délire »). Il y fait d'abord référence à « l'autre vie », correspondant à son désir, qu'il aurait pu vivre :

> [...] quelque chose, quoi que ce soit,
> vit quelque part sans moi, se trouve quelque part sans moi et vivote sans que je l'aie jamais rencontré, ça me passe à côté[1]

Ce « quelque chose » correspond à la subjectivité qui fut exclue de sa vie traversée par l'idéologie stérilisante de l'efficacité. Puis Jean Personne éprouve son propre anéantissement tout en tentant d'anéantir le monde :

> Je suis là
> Et le monde est là, à se dissoudre sous mes yeux
> Ce que je vois n'a pas de sens
> Tout explose en petits morceaux
> Tout fuit en moi
> Je vois des hommes apeurés fuir devant moi crier et je
> tire
> dans le tas
> des visages qui explosent [...][2]

Le récit du passage à l'acte meurtrier se poursuit jusqu'à ce que Jean Personne évoque son jeu vidéo préféré, « TARGET THE LOSER KILL KILL ». Ainsi, une ambiguïté est introduite : le passage à l'acte, l'amok dont parle Jean Personne, a-t-il lieu dans la réalité, ou « seulement » dans son délire ou dans le virtuel ? Bernard Stiegler établit un lien entre la désindividuation qui caractérise nos sociétés hyperindustrielles et le passage à l'acte extrême de l'amok qui signe d'après lui une souffrance « d'être annulé[s] et

---

1. *Ibid.*, p. 131.
2. *Ibid.*, p. 132.

transformé[s] par le *on* en *Personne* »[1]. Dans son délire, Jean Personne décrit une vision de catastrophe, apocalyptique :

> C'est la planète terre qui file à toute allure dans l'univers vide et froid et ses habitants ne cessent de jeter des chats par les fenêtres, et ils hurlent tous quand, terrorisés, ils foncent sur la glace [...][2]

Il se confond alors avec un des chats tombant dans un canal :

> [...] je me suis senti geler en tombant depuis le vingtième étage de nos bureaux jusqu'à la glace, les quatre pattes tendues devant moi, avec une expression de peur panique, de panique folle, je suis tombé sur la glace pour rejoindre les autres chats couchés sur le canal, gelés, sous la glace, on était couchés figés[3]

Le discours de Jean Personne est marqué par un cri désespéré d'une subjectivité exprimant une souffrance. Il s'oppose au discours lisse incarné par les autres consultants et qui exclue à la fois le conflit psychique (caractéristique du sujet névrosé de Freud) et la possibilité d'une critique. D'un point de vue psychiatrique, on peut qualifier la folie de Jean Personne de psychose. Il est de plus en plus en rupture avec le monde extérieur et il se reconstruit une nouvelle réalité, une fiction délirante. Son délire est une tentative de guérison, l'ultime tentative de renouer des liens avec le monde extérieur et de pouvoir donner un sens à ce qu'il vit. L'essence de ce qui est impensable, irreprésentable pour lui s'exprime dans son délire, en tant que construction subjective.

1. Bernard Stiegler, *De la misère symbolique – 1., op. cit.*, p. 127.
2. Falk Richter, *Sous la glace, op. cit.*, p. 134.
3. *Ibid.*

Folie du sujet ou folie du monde ?

Jean Personne se détache du système marqué par le discours néolibéral et son délire peut être considéré comme un dernier cri d'une subjectivité étouffée, cri qui échoue à la fin de la pièce. Le consultant Aurélien Papon décrit un monde qui n'est peuplé que par des objets de consommation, ce qui exclut toute présence des hommes : « ma voiture et mon téléviseur savourent la paix dans le monde, ils achètent quelques DVD et quelques bombes intelligentes, ils mettent quelques petites poupées dans leur panier de provision »[1]. Jean Personne meurt de froid avec les autres consultants et il ne reste que l'enfant (la copie de Jean Personne) qui boit un whisky dans un bar d'hôtel.

La subjectivité qui est abolie, gommée dans le monde lisse et anonyme des consultants fait retour chez le personnage Jean Personne. Faute de trouver une place dans le système, cette subjectivité glisse vers la folie, le délire. Mais de quel côté se situe la folie ? Il semble qu'elle est à situer en réalité du côté des deux autres consultants qui représentent le système néolibéral excluant la subjectivité. La folie de Jean Personne a bien la fonction de remettre radicalement en question la « folie néolibérale » et les certitudes de son discours dominé par le principe d'efficacité économique. Ainsi, cette folie du sujet déconstruit le discours courant, médiatisé, et elle nous amène à nous questionner sur notre société. Comme pour la folie dans le théâtre de l'absurde, la folie de Jean Personne est une « métaphore de la condition humaine »[2] et de la place du sujet dans la société d'aujourd'hui. C'est le sujet qui est aboli dans le système qui fait retour par la folie.

1. *Ibid.*, p. 137.
2. Isabelle Smadja, *La Folie dans le théâtre*, PUF, 2004, p. 21.

Jean Personne comme figure tragique

La subjectivité réémerge donc sous la forme de la folie du sujet chez Jean Personne, mais celui-ci finit par chuter. Son refus « d'être parlé » échoue. Le discours de Jean Personne, marqué par une subjectivité qui ne cesse de se montrer, s'oppose au langage néolibéral des autres consultants. Jean Personne tente de reconstruire l'histoire de son enfance, mais au fur et à mesure, il échoue dans sa tentative de (re)devenir sujet en glissant vers le délire. Celui-ci apparaît comme un dernier cri du sujet avant son anéantissement (« ce cri, cette chute seul dans l'univers »[1]). À la fin de la pièce, Jean Personne tient un discours de plus en plus mélancolique[2], c'est-à-dire qu'il chute pour se vivre comme un déchet, comme un « rien », d'où peut-être le choix du nom « Personne », « Niemand » en allemand : « je suis englouti dans un trou noir et profond »[3].

Dans *Sous la glace*, Falk Richter combat avec son propre langage, comme c'est le cas dans le texte théorique *Le Système*. Jean Personne, figure autobiographique, refuse d'être parlé, c'est-à-dire de subir les différentes voix du système. À plusieurs reprises se manifeste sa tentative de quitter le système (« JE VEUX ME BARRER ! je veux sortir, il faut que je me barre, il y a *quelque chose*[4] en moi qui hurle, qui veut sortir »[5]). Il refuse également de se présenter à l'embarquement auquel il est invité par des voix anonymes venant des haut-parleurs de l'aéroport (« CALLING JEAN PERSONNE »).

1. Falk Richter, *Sous la glace, op. cit.*, p. 135.
2. D'après Freud, la mélancolie est une « atteinte profonde du désir [...] caractérisée par une perte subjective spécifique, celle du moi lui-même » (R. Chemama et B. Vandermersch, *Dictionnaire de la psychanalyse*, Larousse, 2007).
3. Falk Richter, *Sous la glace, op. cit.*, p. 135.
4. Souligné par nous.
5. Falk Richter, *Sous la glace, op. cit.*, p. 121.

La folie comme « objet-limite » se révèle par la « catastrophe immanente au système », la folie meurtrière de Jean Personne. Mais sa résistance au système et sa tentative de le quitter échouent car son délire mène à son propre anéantissement, à sa chute. La catastrophe psychique et l'effondrement restent au premier plan et, dans son délire, il ne parvient pas à se reconstruire un autre monde où il pourrait trouver une place.

Jean Personne est présenté comme une figure tragique contemporaine qui est impuissante face à l'idéologie de l'efficience du système néolibéral. Selon Falk Richter, « le tragique réside dans le fait qu'il n'y a pas d'extériorité au système »[1]. Le discours subjectif et le discours du système subi par le sujet sont mis en tension. Le langage « ne constitue plus un vecteur d'individuation lorsque la langue de l'économique contamine la parole »[2]. Dans *Sous la glace*, la seule place de la subjectivité se situe dans la folie du sujet. La chute tragique de Jean Personne survient dans un système se manifestant avant tout par la langue qui entraîne un « évidement » de la subjectivité.

---

1. Barbara Engelhardt, *op. cit.*
2. Emmanuel Béhague, « Tragique de l'indistinction… », *op. cit.*

ÉTAT D'URGENCE ET *JEUNESSE BLESSÉE*

Au niveau formel, ces deux pièces néo-dramatiques se distinguent d'*Electronic City* et de *Sous la glace* : elles sont composées essentiellement de dialogues ; les monologues au sens strict en sont absents. Elles présentent des actions à minima, où le temps dramatique coïncide globalement avec le temps scénique, tout en se rapprochant d'une « dramaturgie du surplace » sous forme de tableaux ou de plans fixes sur *une* situation et *un* milieu. La structure est lisible et Richter ne recourt pas ou peu au collage de textes d'origines diverses pour créer un effet de rupture et un rythme de « zapping ». Les changements de points de vue, les ambiguïtés et les lieux d'indétermination sont introduits dans et par les dialogues. Certains aspects de la forme dramatique sont donc introduits, du moins en apparence. C'est une sorte de dramatisation au second degré, avec de l'ironie.

Avec la même précision que pour les deux pièces qui précèdent, Richter place sous sa loupe non plus les psychismes d'une ou de plusieurs figures mais ce sont les subtilités des échanges – ou non-échanges – de parole entre les figures dans l'intimité (celle des relations familiales, amicales, amoureuses et sexuelles) qu'il examine en détail. Plutôt que de dialogues dramatiques proprement dits il s'agit souvent de « dialogues de sourds » et de phrases avortées où les figures restent dans une solitude voire dans un isolement. Les tentatives désespérées de se rapprocher de l'autre se passent alors dans la violence.

S'il s'agit toujours pour Richter d'examiner les effets du système sur l'intime, c'est avant tout la perspective qui change. Dans les deux pièces apparaissent les deux variantes de la folie, celle du sujet et celle du monde, déjà présentes dans *Electronic City* et *Sous la* glace. Dans

Jeunesse blessée, c'est la folie du sujet qui est au premier plan, et dans *État d'Urgence* la folie du monde (« la folie sociale » d'après Edward Bond) : celle-ci y est accentuée sur un versant de violence et de paranoïa, se prolonge dans la folie du sujet et se confond avec elle. Ces deux pièces montrent comment l'idéologie de l'efficience s'infiltre dans les échanges intimes entre sujets : le milieu dépeint dans *Jeunesse blessée* est poussé jusqu'à l'extrême dans *État d'Urgence* où le microcosme familial est pris dans le macrocosme de la surveillance généralisée.

La folie dans l'*État d'urgence* : de quel côté se situe-t-elle ?

Le titre *Im Ausnahmezustand* se traduit littéralement de l'allemand par « état d'exception », mais le terme français correspondant est « état d'urgence ». Il s'agit d'une exception ponctuelle (mais qui est devenu un état, « Zustand ») consistant à suspendre certaines lois, notamment concernant des libertés individuelles. La pièce *Im Ausnahmezustand* (*État d'urgence*) a été montée par Falk Richter à la Schaubühne en 2007 au moment où le texte existait déjà. Pour l'écriture, il s'est basé sur des documents décrivant les « gated communities », des communautés de privilégiés qui s'isolent de leur environnement vécu comme dangereux, notamment « Celebration », ville artificielle en Floride. Richter a fait une enquête de terrain, ethnographique. Il s'est entretenu avec des habitants de ces lieux artificiels et il a fait un séjour dans un lieu similaire en Asie.

Si pour Edward Bond, « le 'site' [...] existentiel de l'humain est en fin de compte Autrui »[1], la confrontation avec cette altérité est abolie dans la « Celebration community », site artificiel « inhumain » où vivent les trois figures de la pièce,

1. Edward Bond, *op. cit.*, p. 308.

l'homme, la femme et le jeune garçon. La femme reproche à l'homme, manager, de ne plus être à la hauteur des exigences de l'efficacité dans son travail. Tout écart aux règles établies menacerait la place de la famille au sein de la communauté qui est coupée de l'extérieur par un mur surveillé par des caméras. Une instance anonyme contrôle le comportement de tous les habitants. La femme soupçonne à la fois son mari et son fils de mettre en péril leur vie à l'intérieur de ce système[1] où les loisirs sont programmés de la même manière que le travail.

Richter fait preuve d'ironie par rapport à la forme qu'il donne à la pièce – qui est plus proche de la forme dramatique que les précédentes –, donc par rapport à son écriture :

> L'HOMME. Ah, il y avait des personnages ?
> LA FEMME. J'avais besoin de cette phrase
> L'HOMME. C'était quelque chose d'historique ?[2]

Au début d'*État d'urgence*, la fable apparaît à minima mais celle-ci est dissoute dans la confusion entre la réalité extérieure (liée au fonctionnement de la communauté « Celebration ») et la réalité psychique (délire paranoïaque de la femme) qui est introduite au fur et à mesure. Cette confusion est d'autant plus marquée que le style de la pièce semble au premier abord se rapprocher du naturalisme. Mais Richter souligne que son objectif fut « d'aiguiser ou voire de changer la perception »[3] du spectateur. Il lui présente certaines tendances qui caractérisent notre monde postmoderne sécuritaire, mais en les condensant,

---

1. Le thème de la méfiance s'infiltrant dans les relations familiales évoque la scène « Le mouchard » dans la pièce *Grand-peur et misère du IIIème Reich* de Bertolt Brecht.
2. Falk Richter, *État d'urgence*, trad. Anne Monfort, www.falkrichter.com.
3. Michael Jacobs, entretien avec Falk Richter, le 7 juin 2008, www.falkrichter.com.

accentuant, exagérant pour provoquer une « overdose »[1]. *État d'urgence* se révèle donc être à l'opposé du naturalisme et du réalisme. Il ne s'agit plus d'un « zapping » entre plusieurs points de vue, comme dans *Sous la glace* et surtout dans *Electronic City*. Mais la cohérence de la forme dramatique qui semble se présenter au début de la pièce n'est qu'apparente. *État d'urgence* est composée principalement de dialogues stichomythiques au rythme « haché », rapide, entrecoupés par des longues prises de parole dont certaines se rapprochent de monologues tout en s'inscrivant dans l'échange avec les autres figures (notamment celles où la femme déploie son délire supposé).

La pièce s'inscrit dans la continuité d'*Electronic City* et *Sous la glace* car il y est question du travail, mais Richter se penche également sur les effets du système marqué par la « raison devenue folle »[2] sur la vie quotidienne familiale. *État d'urgence* dépeint un cadre de vie et une relation de couple créés en parfait accord avec l'idéologie de l'efficience. Ce cadre semble être idyllique au premier abord (« le calme, les arbres, les allées, les petits chemins »[3]) mais il se révèle être dominé par une « folie du monde » : « une autorité indéfinie et menaçante »[4], l'instance de contrôle, ainsi que l'extérieur vécu comme dangereux et hantant l'intimité du couple et la relation parent-enfant. Ici la vie est maîtrisée et préconçue dans sa totalité (pas seulement le travail, bien qu'il occupe déjà presque la totalité de la vie des figures d'*Electronic City* et de *Sous la glace*). Aucun espace n'est laissé à l'imprévu, à la différence et à la subjectivité échappant au système : « ici ce sont des gens qui

---

1. *Ibid.*
2. Martine Sforzin, « Le théâtre de Thomas Bernhard : déraison ou rappel à la raison ? », in : H. Inderwildi et C. Mazellier, *Le Théâtre contemporain de langue allemande – Écritures en décalage*, L'Harmattan, 2008.
3. Falk Richter, *État d'urgence*, *op. cit.*, p. 18.
4. Emmanuel Béhague, « Tragique de l'indistinction... », *op. cit.*

s'intéressent aux mêmes choses que nous », dit la femme[1]. Le lieu de « Celebration community » semble donc constituer une autre forme de « non-lieu » régi par une « contractualité solitaire »[2] comme les lieux anonymes de passage des pièces précédentes.

Le mur qui sépare l'intérieur de cette communauté de privilégiés de l'extérieur paraît représenter les délimitations du système néolibéral occidental. Celles-ci se basent sur l'exclusion de ce qui s'oppose au système. Dans *État d'urgence*, ce sont notamment ceux qui sont nommés « fous » qui correspondent à cette altérité. Si le système « se différencie de son environnement, il établit celui-ci comme autre » et il peut ainsi l'observer. Il fonctionne avec la peur du sujet d'être exclu et entraîne ainsi chez lui une attitude d'exclusion et la peur de celui qui est extérieur, qui est autre.[3]

> Cet extérieur est déterminé par la manière de l'exclusion préalable. Il est démoniaque, malade, étranger et imprévisible si l'établissement des frontières vise à exclure justement cet extérieur-ci.[4]

Dès lors se pose la question de savoir si les citoyens inclus dans le système mettant en place un état d'urgence au niveau collectif, se trouvent dans un état d'urgence au niveau de leur identité subjective. Le travail de l'exclusion se serait mêlé de telle sorte avec leur identité qu'une suppression des règles du système constituerait une menace permanente. Celle-ci provoquerait une « implosion » du système.[5] À force de se prémunir

1. Falk Richter, *État d'urgence, op. cit.*
2. Marc Augé, *op. cit.*
3. Bernd Stegemann, « Über den Ausnahmezustand », programme de la pièce *Im Ausnahmezustand*, Schaubühne Berlin, 2007. Stegemann se réfère notamment au philosophe Giorgio Agamben.
4. *Ibid.*
5. *Ibid.*

totalement d'une catastrophe susceptible de surgir à l'intérieur (« la catastrophe immanente au système » décrite par *Electronic City* et *Sous la glace*) en la situant à l'extérieur, la catastrophe permanente suscitée par l'angoisse paranoïaque ronge l'intérieur qui risque d'imploser.

Dans *État d'urgence*, la folie comme objet-limite menaçant le système est figurée dans l'espace. Ainsi, l'espace situé à l'extérieur de la « Celebration community » est vécu comme le lieu de la folie avec qui n'existe aucun point de contact :

> LA FEMME. [...] s'il faut qu'on parte d'ici un jour [...], alors on est dehors, pour toujours, et on y reste... avec tous les perdus, les fous, toute la merde, les exclus[1]

L'état d'urgence est devenu la norme dans ce système régi par des mesures sécuritaires, la surveillance de l'intime, et un contrôle des vies d' « égos grégaires », des « mêmes ». La menace n'émane pas seulement de l'extérieur, lieu de la folie, mais également de l'intérieur. La femme et aussi l'homme craignent l'instance anonyme de contrôle (« ils »), et les autres habitants de la communauté pouvant détecter le moindre écart par rapport à la norme, la moindre baisse de l'efficacité. Richter dépeint donc un système basé à la fois sur la peur d'être exclu et sur la peur devant les exclus.

La « Celebration community » est contrôlée par une surveillance généralisée qui ne concerne pas seulement l'efficacité au travail mais également l'intimité. La surveillance – déjà présente dans *Sous la glace* sous la forme de l'évaluation de l'efficacité des consultants – est poussée à l'extrême car tout espace subjectif est aboli. C'est cette totalité du contrôle qui nous fait évoquer un système totalitaire fonctionnant d'une manière paranoïaque. Dans ce contexte d'abolition de la séparation entre l'espace intime et

1. Falk Richter, *État d'urgence*, *op. cit.*

l'espace public, la folie du sujet et la folie du monde tendent à se confondre. Selon Falk Richter, il s'agit dans *État d'urgence* « de la peur, de la paranoïa et de l'incapacité de décider sur le degré de réalité de la menace imaginaire qui est renforcée par des images médiatiques ou par des fantasmes d'angoisse »[1].

Quelle place pour la folie du sujet ?

La surface du système de l'efficience et de la surveillance peine à masquer la violence paranoïaque et la perversité de celui-ci. Cette surface n'est plus stérile comme dans *Sous la glace*, car le fonctionnement violent transparaît ouvertement (cris, coups de feu, animaux morts), du moins dans le discours de la femme. Mais l'instance de contrôle (« ils ») tente de masquer la violence, notamment par le bruit artificiel des vagues qui est diffusé, bien qu'il reste incertain s'il ne s'agit pas plutôt d'une idée délirante.

Dans *Sous la glace*, le délire de Jean Personne, langue de « cœur » réintroduisant le « halo lyrique » (Foucault), rompt radicalement avec son environnement. En revanche, dans *État d'urgence*, le délire paranoïaque de la femme - bien que le style soit parfois lyrique - semble être une suite logique et un prolongement subjectif d'un fonctionnement paranoïaque par lequel est régi la vie dans la communauté ghettoïsée :

> LA FEMME. [...] ils vont venir et leurs regards vont nous submerger et nous allons sombrer dans cette mare de sang des

1. Peter Laudenbach, « Falk Richter über sein neues Stück *Im Ausnahmezustand* an der Schaubühne, über die Paranoia der Mittelschicht und das Leben in einer Gated Community », *TIP*, Berlin, www.falkrichter.com.

questions qu'ils nous posent quand ils nous mettent en rang et qu'il faut leur rendre des comptes de tout ce qu'on fait [...][1]

Ainsi, la femme se sent menacée par le regard : celui qui lui serait renvoyé des autres qui se trouvent à l'extérieur, celui de l'instance de contrôle ainsi que celui des ses propres voisins. Le renvoi du regard par la folie extérieure peut être rapproché de l'idée de Foucault concernant la folie comme miroir. Face aux exclus, la femme voit surgir devant elle le creux de son existence[2], c'est-à-dire sa subjectivité.

La femme soupçonne son fils d'avoir manipulé les images enregistrées par les caméras de surveillance qui montrent des scènes cauchemardesques et des choses qui n'existent pas. Le lecteur ou spectateur ne sait plus en quoi consistent ni la réalité de l'intérieur du système, ni celle de l'extérieur, ni celle du délire de la femme :

LA FEMME. [...] Les caméras montrent quelque chose qui n'existe pas. Et ça me fait peur ! Elles diffusent des trucs bizarres, très, très bizarres, tu as à voir avec ça ?[3]

Elle est persécutée par cet autre qui est menaçant et qui semble l'envahir sous forme de bruits, soit hallucinés, soit qui existent réellement :

LA FEMME. [...] Aïe, quelque chose... maintenant ça recommence à mugir... dans mon oreille, je [...][4]

Et plus loin :

LA FEMME. Des coups de feu, tu entends ? [...]
L'HOMME. Je n'entends rien.

---

1. Falk Richter, *État d'urgence, op. cit.*
2. Michel Foucault, *Les Mots et les choses*, Gallimard, p. 387, cité par F. Gros, *op. cit.*, p. 119.
3. Falk Richter, *État d'urgence, op. cit.*
4. *Ibid.*

LA FEMME. Là, à cette seconde et... là ils rediffusent ces vagues, je...[1]

Au fur et à mesure, l'homme est également atteint par le délire paranoïaque de la femme qui soupçonne le garçon de faire entrer dans la communauté tous les exclus qui risquent de les anéantir. Quant à l'environnement et aux événements cauchemardesques dépeints dans le discours de la femme et aussi celui de l'homme, jusqu'à la fin de la pièce nous restons dans l'incertitude de savoir si ceux-ci existent dans la réalité extérieure comme symptômes d'une folie du système, ou si leur seule réalité réside dans le délire de la femme. Celui-ci s'inscrirait dans une psychose comme « ordre du sujet »[2]. La folie du sujet, mêlée à la folie du système, est privée de son altérité radicale. Elle ne peut indiquer aucun lieu de la subjectivité en rupture avec le système, cette altérité étant située d'emblée à l'extérieur de celui-ci.

Dans ce contexte, la femme (davantage que l'homme et le jeune garçon) semble traverser un état d'errance. Cette fois-ci, ce n'est pas l'errance dans le temps ou dans l'espace qui est au premier plan, bien que la famille habite dans le « non-lieu » de la communauté artificielle, où leur présence est menacée. Il s'agit pour la femme, avant tout, d'une errance dans le discours car elle ne semble pas savoir ce qu'elle dit. Elle est à la merci d'un autre, vécu comme menaçant. Dans son discours, elle semble être parlée par cet autre qui lui dicte en permanence la parole régie par la peur, sans qu'elle ne puisse prendre de la distance pour y opposer son discours subjectif. Dans *Sous la glace*, Jean Personne tente désespérément de prendre de la distance pour se détacher du discours courant, du « vacarme » dans sa tête, avant de sombrer complètement dans le délire.

---

1. *Ibid.*
2. Colette Soler, *L'Inconscient à ciel ouvert de la psychose*, Presses universitaires du Mirail, Toulouse, 2008, p. 10.

Le seul moment où la femme exprime son refus du système, apparaît quand elle se révolte contre le fait que dans son groupe de théâtre amateur organisé par la communauté (comme tous les autres loisirs), le metteur en scène a supprimé une phrase du texte de son personnage :

> LA FEMME. : [...] J'AI BESOIN DE CETTE PHRASE, si on ne me donne pas cette phrase, personne d'autre ne doit parler, on n'a plus besoin de mots, alors l'humanité est hors d'usage UNE FOIS POUR TOUTES, alors il n'y aura plus d'hommes, du moins pas d'hommes qui pourront poser un pied devant l'autre sans prothèses et sans une immense masse de calmants très forts, ALORS ILS VONT TOUS S'EFFONDRER [...][1]

Elle exprime à la fois sa propre fragilité marquée par sa peur d'être anéantie, et celle du système qui est au bord de l'effondrement par implosion, malgré le contrôle absolu. C'est surtout le garçon qui refuse de continuer à vivre à l'intérieur du « ghetto », tandis que l'homme semble renoncer à son désir de le quitter. Le garçon dépeint d'une manière ironique un monde qui paraît utopique, puisque la mer y existe réellement, et qui rompt avec le délire de ses parents :

> Ecouter les vagues. Les écouter se briser, leur son, les couleurs du soleil du soir. Le bruit. La lumière de l'autre côté de l'eau. Le son quand elles sont prêtes à déferler, c'est tellement ... merveilleux.[2]

Comme la folie dans le théâtre de Thomas Bernhard, dans *État d'urgence*, la folie, celle du sujet et celle du monde, « illustre les limites d'une raison 'dictatoriale' qui finit par avoir raison de la vie en la tuant »[3], si on entend « vie » par « subjectivité ». Toute la situation, qui est catastrophique

---

1. Falk Richter, *État d'urgence*, *op. cit.*
2. *Ibid.*
3. Martine Sforzin, *op. cit.*

d'entrée de jeu, est devenue tragique, sans issue. La catastrophe a déjà eu lieu, comme dans le théâtre de Beckett. Richter n'introduit aucune nuance, sauf par quelques éléments absurdes, grotesques, qui font apparaître l'ensemble du monde extérieur comme irréel. Mais tout le long de la pièce, le lecteur ou spectateur restera dans l'incertitude de savoir en quoi consiste ce monde extérieur exactement (notamment l'origine du bruit de vagues reste indéterminé, comme la réalité des coups de feu). Le monde cauchemardesque, apocalyptique, où réalités extérieure et intérieure se mêlent, peut être considéré comme une dystopie qui amène le lecteur ou le spectateur à élaborer lui-même « le volet positif de l'utopie » [1].

La folie - seule issue de la *Jeunesse blessée* ?

Falk Richter a créé *Jeunesse blessée* en français au Festival de Liège en Belgique en février 2009. La pièce porte le sous-titre *Trois nuits blanches* et réunit trois scènes, pièces courtes. Il n'a pas fait d'enquête documentaire spécifique puisqu'il a écrit directement au sujet de sa vie[2] : les trois scènes s'inscrivent dans un milieu urbain qui lui est familier ainsi que les figures qui appartiennent à sa génération.

La structure, plutôt lisible et épurée, est très proche d'une écriture cinématographique : il s'agit d'une trilogie de pièces courtes, sorte de plans fixes correspondant chacun à une nuit blanche que passent ensemble les figures. Dans chaque tableau sont introduites des figures anonymes différentes. Le fil qui relie les trois volets est le thème de la vie affective (sexuelle, amoureuse et amicale). La forme est dialoguée avec certaines prises de paroles longues, proches du monologue, qui rompent le fil du dialogue. Walter Benjamin

1. Florence Baillet, *op. cit.*, p. 48.
2. Jean-Louis Perrier, *op. cit.*

« compare le tableau à l'effet produit par l'irruption d'un étranger dans une scène de famille » où les draps sont « 'chiffonnés' » et le « 'mobilier dévasté' »[1]. Il faut souligner qu'au départ, Richter avait le projet de monter *Jeunesse blessée* dans des appartements.

Les trois tableaux comme gros-plans sur l'intersubjectif mettent en exergue les gestes des figures dans une dramaturgie du sur-place. Souvent le dialogue échoue : les figures n'y parviennent pas à exprimer leurs discordances ou leur proximité. Ainsi, c'est le corps qui prend le dessus. Les didascalies décrivent des gestes impulsifs, brusques. La plupart des figures s'approchent de l'autre ou l'éloignent avec violence, surtout dans la première et la deuxième nuit blanche.

Le thème du travail n'est plus au centre comme pour *Electronic City* et *Sous la glace*, mais il y figure comme une partie d'un ensemble du mode de vie des figures. C'est la folie du sujet qui est au premier plan : elle émerge dans un contexte marqué par une sensation de vide intérieur, par l'impossibilité d'établir des relations affectives authentiques avec l'autre. Ici, l'idéologie économique de l'efficience s'est infiltrée dans les relations intersubjectives qui sont mises en péril. Dans les trois scènes-tableaux figure la même phrase récurrente, comme un refrain et leitmotiv : « Mon cœur se consume ». Il indique le fil qui relie les trois parties, celui de l'impact du discours économique sur le sujet et sur sa relation avec l'autre. Jacques Lacan souligne que « le discours capitaliste [...] ça marche trop vite, ça se consomme. Ça se consomme si bien que ça se consume »[2]. Si ce discours se consume lui-même, il consume également des hommes, devenus du « matériel humain » car ils sont

1. Jean-Pierre Sarrazac et al. (dir.), *Lexique..., op. cit.*, p. 212, article de M. Losco.
2. Jacques Lacan, « Conférence à l'université de Milan », 12 mai 1972, inédit, cité par Dany-Robert Dufour, *L'Art de réduire les têtes*, Denoël, 2003, p. 9.

devenus « des produits [...] consommables tout autant que les autres »[1]. Un autre leitmotiv constitue la musique du groupe à succès des années quatre-vingt *Talk Talk*, dont le chanteur a refusé de faire de la musique commerciale et s'est isolé.

La folie du sujet qui apparaît dans chacun des trois tableaux chez une des figures rompt avec le discours de l'efficience et l'idéologie du « même » où l'altérité est exclue et où l'autre est devenu un produit consommable. Richter souligne que *Jeunesse blessée* est

> une réponse à *Sous la glace* - elle met en scène des gens qui sont sortis du système, qui ne font pas carrière ou s'y refusent, ceux qui n'ont pas part à la richesse, qui ont du temps, ceux qui ont 'ralenti', le contraire des managers.[2]

Le bruit de vagues qui ponctue les trois parties constitue comme un écho à *État d'urgence* : il semble qu'il renvoie à la fois à la violence cachée du système, couverte par des vagues, et au milieu maritime de Hambourg où Richter a passé sa jeunesse.

Première nuit blanche

Trois figures apparaissent dans cette partie : « un homme, environ 35 ans, un jeune homme un peu plus jeune, une femme, environ 35 ans ». La scène a lieu dans « un appartement froid et délabré », avec « une chaîne hifi piétinée », « dans une grande ville ».[3] Souvent, le discours du jeune homme introduit une rupture dans le dialogue avec les deux autres figures qui s'adressent à lui. À certains

---

1. Jacques Lacan, *Le Séminaire livre XVII - L'envers de la psychanalyse*, Seuil, 1991, p. 35.
2. Barbara Engelhardt, *op. cit.*
3. Falk Richter, *Jeunesse blessée*, manuscrit et trad. Anne Monfort.

moments, il se rapproche du monologue tout en s'inscrivant dans le dialogue. Ce sont l'état psychique et la situation professionnelle et sociale du jeune homme qui dominent la scène. L'homme et la femme viennent voir le jeune homme dans son appartement qu'ils partageaient ensemble pendant leur jeunesse marquée par la musique, l'alcool et des expériences sexuelles. Ils vivaient alors une relation à trois et comme dans une sorte de famille utopique. Au cours de la nuit blanche, les trois figures commémorent le passé commun en revivant certains moments dans une sorte de tableau de famille rétrospectif, tout en faisant chacun un constat de leur situation actuelle, amoureuse et professionnelle. L'homme et la femme semblent être dans le système, mais au fur et à mesure ils révèlent qu'ils éprouvent un vide intérieur, que leurs vies semblent être sans substance, sans désir, et que leurs relations sont marquées par la froideur. La femme fait savoir qu'elle se trouve dans un « camp de mariage ». Tous deux se posent la question de savoir s'il existe des alternatives au système et s'il est possible de résister à celui-ci.

Le jeune homme a décidé de tourner le dos au système et de vivre en marge. Son état psychique se rapproche de la psychose. Il tente de se construire une réalité délirante, à défaut de trouver des assises dans la réalité extérieure, et il risque de se détruire psychiquement et physiquement, en mourant de froid dans son appartement où il a cassé le radiateur. Son délire traduit la folie du sujet qui refuse le système. Richter souligne que cette figure qui parle une langue du « cœur » est la réponse à la figure de Jean Personne dans *Sous la glace*. Le jeune homme refuse le discours de l'efficience où tout tourne autour du travail et de la consommation. Il veut « être une absence »[1], s'isole et coupe tout lien avec le système pour y échapper. Il est envahi par des hallucinations (« quelque chose sort du mur

1. Falk Richter, *Jeunesse blessée*, *op. cit.*

en rampant... ou bien ça palpite ? »[1]). À la merci de l'autre, il est persécuté par les voix du système, celles des autres qu'il entend quand il sort de son appartement :

> Et c'est pour ça que je marche des nuits entières SEUL dans la ville la nuit pendant des heures parce que tout simplement je NE PEUX PAS SUPPORTER CES VOIX, quand ils parlent, ça me détruit, ça me détruit vraiment, ces blabla, nouvelles sonneries et tout ça ?[2]

Il provoque la femme et l'homme en exhibant son sexe à plusieurs reprises et il s'adresse aux parties de son corps qui lui sont devenues étrangères ainsi qu'aux objets. Richter précise que le jeune homme « vit précisément à la frontière entre l'artiste radical porteur d'une position critique à l'égard du système, l'individu malade psychiquement et le chômeur »[3]. Ne supportant ni le système dont il s'exclut car il le conteste, ni la solitude marquée par le silence et la peur de vieillir, il se trouve dans un dilemme. Comme Jean Personne, il apparaît comme une figure tragique puisqu'il n'arrive pas à vivre à l'extérieur du système. Le jeune homme évoque sa mort psychique : « Suis déjà mort de froid... suis mort de froid il y a longtemps... »[4]. Selon Falk Richter, « celui qui refuse de s'épuiser au travail [...] est exclu, il constitue une existence individuelle sans valeur » : alors « on n'existe pas, on est réduit à une statistique, les laissés-pour-compte, la lie, pour laquelle il n'y a aucune perspective »[5]. Le tragique réside dans le fait que le sujet sorti du système en cherchant d'autres valeurs, se détruit, s'anéantit.

1. *Ibid.*
2. *Ibid.*
3. Barbara Engelhardt, *op. cit.*
4. Falk Richter, *Jeunesse blessée, op. cit.*
5. Barbara Engelhardt, *op. cit.*

Deuxième nuit blanche

Dans cette partie, dont la forme est également dialoguée, sont introduites trois figures anonymes, « l'homme », « l'homme un peu plus jeune » et « l'autre homme un peu plus jeune ». L'homme, qui pourrait être le même que dans la partie précédente, est confronté à l'échec de sa relation amoureuse avec l'homme plus jeune, pour qui il éprouve un va-et-vient entre dégoût et désir. L'homme plus jeune qui souhaite définitivement rompre la relation, refuse de passer à nouveau la nuit avec l'homme. Incapable de pouvoir affronter le vide et la solitude, l'homme s'adresse alors à un autre homme plus jeune via un site de rencontres sur internet. Le dialogue qui se restreint à l'échange minimal d'informations sur les modalités de l'acte sexuel se poursuit dans l'appartement de l'autre homme plus jeune qui considère l'homme comme un produit : l'injonction de l'efficience domine les relations sexuelles. Son discours est très proche du langage économique et des cotations boursières dans *Sous la glace*. La marchandisation de la relation est poussée jusqu'au grotesque lorsque l'autre homme un peu plus jeune vante la valeur de son propre corps, qui serait bien supérieur à celui de l'homme :

> [...] je suis un dollar US et tu es un zloty ou je ne sais quelle monnaie de merde du Bangladesh ou d'un pays comme ça où ils sont tous dans des camps à attendre des troupes d'aide humanitaire [...][1]

Le discours de l'efficience s'infiltre ainsi dans l'intimité des relations où l'autre est instrumentalisé, ce qui est caractéristique de la perversion. L'autre homme un peu plus jeune dit d'une manière récurrente « ça ne veut rien dire ». Il tente donc de se prémunir contre le fait que l'acte sexuel avec l'homme pourrait impliquer un sentiment quelconque.

1. Falk Richter, *Jeunesse blessée, op. cit.*

Face à cette non-relation et face à la violence du discours « inhumain », c'est-à-dire excluant autrui et toute possibilité de relation affective et amoureuse, l'homme réagit avec une violence physique : il passe à l'acte après avoir inversé les rôles. Maintenant c'est lui qui chosifie l'autre homme plus jeune et il l'agresse, probablement jusqu'à la mort.

Son discours se rapprochant du délire et son passage à l'acte rompent ainsi avec le vide de la relation dominée par l'injonction d'efficacité et de performance. Mais en réalité, l'homme pousse cette injonction encore plus loin. Avec une violence physique, il cherche à être comblé par l'autre homme plus jeune en niant son existence. Ainsi les deux « parties » se rejoignent (« on ne fait plus qu'un maintenant... toi et moi » et « Tu es déjà devenu moi ? ») et finissent par se confondre complètement. L'homme fait bouger l'autre comme s'il était une poupée et il parle à sa place (« *Il joue avec l'autre homme un peu plus jeune comme avec une poupée, remue ses lèvres pendant qu'il parle à sa place* »).[1] Par son passage à l'acte fou, qui semble s'inscrire dans un épisode psychotique, l'homme pousse jusqu'au bout l'instrumentalisation de l'autre. Ce qui constitue une perversion comme « dernier rempart contre la psychose »[2] chez l'autre homme plus jeune qui chosifie l'autre, devient un passage à l'acte psychotique chez l'homme. La quête désespérée d'amour aboutit dans la fin tragique de l'anéantissement de l'autre homme plus jeune.

> La tragédie, c'est qu'il n'existe plus d'êtres humains ; on ne voit plus que de singuliers engins qui se lancent les uns contre les autres.[3]

1. *Ibid.*
2. Dany-Robert Dufour, *La Cité perverse*, Denoël, 2009, p. 353.
3. Pier Paolo Pasolini, « Nous sommes tous en danger » (1975), cité par Georges Didi-Huberman, *Survivance des lucioles*, Les Éditions de Minuit, 2009, p. 25.

Ceux-ci sont « des corps surexposés, avec leurs stéréotypes du désir, qui s'affrontent dans la pleine lumière des *sitcoms* »[1].

Troisième nuit blanche

Ce troisième volet de *Jeunesse blessée* se rapproche du dialogue entre la femme et l'homme du début *d'État d'urgence,* il en constitue comme une variation. C'est comme si l'intimité du couple était détachée du contexte du système de surveillance paranoïaque. Le dialogue « à peine audible » entre les figures « elle » et « lui », « *couchés dans un lit* », qui a lieu « *dans le noir* » sur un « *plateau nu* »[2], semble être la suite de la *Première nuit blanche* où la femme évoquait son refus d'être « gérée » par son mari. C'est donc comme si le lecteur ou le spectateur retrouvait ici la même figure qui est montrée dans son « camp de mariage »[3], où son cœur « se consume, lentement »[4]. Richter dépeint ainsi l'échec de cette constellation relationnelle classique car le vide, l'ennui et la froideur se sont infiltrés dans l'intimité de la relation entre « elle » et « lui ». Elle éprouve de l'étrangeté face à son mari et elle pense qu'il lui a été « attribué ». Cette fois-ci la méfiance et le vécu de persécution paranoïaque ne sont situés que chez une figure, la femme. Elle soupçonne l'homme avec qui elle est liée depuis plusieurs années de ne plus rien éprouver pour elle et de la tromper avec d'autres femmes. Face au regard de son mari par lequel elle se sent menacée, elle est envahie par des bruits ou des voix qu'elle hallucine en ressentant la présence de « quelque chose » ou de « quelqu'un » qui se trouve dans le lit conjugal :

---

1. Georges Didi-Huberman, *op. cit.*, p. 26.
2. Falk Richter, *Jeunesse blessée, op. cit.*
3. *Ibid.*
4. *Ibid.*

> ELLE. […] HÉ HO IL Y A QUELQU'UN ?… tu as remarqué ça ? depuis des jours il y a quelqu'un quelque chose une chose avec nous dans ce, ce… lit là, je crois […][1]

Les termes « quelque chose » et « ça » qui traduisent « etwas » ou « es » en allemand sont récurrents dans le discours des figures de Richter. Ils désignent quelque chose qui à la fois s'oppose au système, envahit le sujet sous forme de voix ou bruits hallucinés et indique en même temps un lieu de la subjectivité qui a été abolie dans le système. Dans *Sous la glace*, cela signifie la présence d'autre chose dans la vie gelée de Jean Personne (« il y a quelque chose en moi qui hurle, qui veut sortir »[2]). Ainsi, dans *Jeunesse blessée* il s'agit de la subjectivité, du désir, gommés dans le « camp de mariage », qui reviennent à la femme, notamment sous forme du bruit de son « cœur qui se consume ».

1. *Ibid.*
2. Falk Richter, *Sous la glace*, *op. cit.*, p. 121.

DÉRANGEMENT PARTOUT

Falk Richter a monté *Die Verstörung* (*Dérangement*) à la Schaubühne en 2005. Cette pièce se situe à l'interface du théâtre postdramatique et néo-dramatique. Elle a été écrite avant *Jeunesse* blessée dont les « gros plans » des trois nuits blanches constituent comme une remise en ordre de trois fils d'action scénique de *Dérangement*. Nous évoquons cette pièce en dernier lieu, car elle semble pouvoir constituer un épilogue où Richter fait une sorte d'inventaire en nous passant en revue différentes facettes des quatre autres pièces présentées dans ce travail.

La fiction a comme contexte la nuit du réveillon de Noël dans une ville enneigée où il fait très froid. Falk Richter précise qu'il s'agit de Berlin.[1] *Dérangement* apparaît comme une variation chaotique de *Jeunesse blessée* dont les fragments des trois nuits blanches se trouvent disséminés à l'intérieur du texte. Cette longue pièce ressemble à une grande mosaïque, un assemblage de plusieurs constellations scéniques avec des figures différentes. La fragmentation est le principe esthétique (comme dans *Electronic City*). Mais malgré le chaos de la fragmentation, il apparaît une certaine composition et symétrie dans la structure (prologue et épilogue avec l'enfant et la vieille femme, etc.). La pièce est une forme de fresque, un tableau représentant la vie dans la société d'aujourd'hui avec ses différentes facettes.

Les scènes, brèves pour la plupart, sont dialoguées tout en montrant une impossibilité de dialogue. La violence physique et verbale est récurrente. Néanmoins quelques monologues sont introduits : surtout ceux de la vieille femme perdue, mais aussi ceux de l'enfant cherchant son père et de l'homme consultant un psychiatre.

---

1. Kristel Le Pollotec, *op. cit.*

Chaque scène-constellation réapparaît plusieurs fois en reprenant son fil. Richter nous montre plusieurs perspectives du même type de situation : un ou plusieurs sujets (enfant, vieille dame, homme et femme, deux hommes, homme et psychiatre, etc.) sont en quête désespérée d'amour et de consolation dans un monde glacial et violent. Il s'agit donc de plusieurs scènes parallèles qui s'emboîtent, se chevauchent, et de fils d'actions a minima qui au fur et à mesure se nouent ensemble ou s'embrouillent en se confondant, notamment à la fin. Dans *Dérangement*, il n'y a aucune intrigue ou grande action qui relierait les différentes scènes. Chacune des figures solitaires poursuit son but individualiste, comme « égo grégaire ». Tous semblent se trouver au bord de l'effondrement psychique et de la psychose. Dans ce monde glacial, l'idéologie de l'efficience, comme celle des consultants dans *Sous la glace*, s'est infiltrée dans tous les domaines de la vie et dans toutes les couches de la société. Il n'y a que l'enfant et la vieille dame qui tentent de s'opposer à cette fatalité en se consolant dans leur solitude, et aussi l'homme qui consulte un psychiatre. Il pourrait être Jean Personne de *Sous la glace* qui se trouve dans un état de dépersonnalisation. Outre la phrase « mon cœur se consume » (apparaissant aussi dans *Jeunesse blessée*) qui est énoncée plusieurs fois par des figures différentes, c'est le leitmotiv « ça ne veut rien dire » traversant la pièce qui est dit presque dans toutes les situations. Chacune des figures est dans le paradoxe de vouloir combler le vide de sa solitude tout en refusant de s'engager vis-à-vis d'un autre qui se trouve chosifié.[1] Les figures d'enfants ne semblent servir qu'à consoler les adultes.

Le bruit des accidents de voiture et les voix d'animateurs de radio ponctuent également la pièce et dépeignent ainsi le

---

1. Dans *Dérangement*, le milieu du théâtre contemporain est montré comme un milieu parmi d'autres dans le système inhumain : une figure qui est comédien oublie de venir chercher son fils à l'aéroport, etc.

milieu dans lequel se passe le dérangement. Au fur et à mesure, le lecteur ou spectateur s'aperçoit que non seulement les figures qui errent dans la ville, mais toute la ville sont dérangées. Elle ressemble de plus en plus à un scénario apocalyptique de congélation généralisée comme métaphore de l'absence du désir qui laisserait une place à la subjectivité et à l'altérité.

Ce qui fut « la catastrophe immanente au système », la folie comme objet-limite dans *Electronic City* et dans *Sous la* glace, est présent dans *Dérangement* dans la ville entière où il y a des « fous qui traînent »[1]. Cette folie atteint toutes les sphères de la société à la fin de la pièce qui est située dans la « clinique de rêve ». Mais il reste incertain que celle-ci existe réellement ou seulement à la télévision, car au début de la pièce nous apprenons qu'une des figures, un comédien, joue justement dans la « clinique de rêve », qui est en fait une série télévisée.

Dans *Dérangement* sont juxtaposés deux types de langues : celle de la banalité stérile et celle de la folie cauchemardesque. La stérilité froide qui apparaissait déjà dans *Sous la glace* et dans *Electronic City* s'est infiltrée partout dans la société à tous les niveaux de la vie privée et professionnelle. Richter tente de décrire le « nouvel ordre social » où la « 'pensée efficiente' » a des « répercussions sur notre condition d'être humain »[2]. La plupart des figures, pour lesquelles chaque rencontre échoue car l'altérité leur est insupportable, se trouvent dans le désespoir. Étant dans l'incapacité de s'engager vis-à-vis d'un autre, la violence et brutalité émergent dans leurs dialogues d'une manière imprévisible. Ces figures sont des êtres parlés par un discours creux, froid et préfabriqué qu'elles subissent. Elles semblent traversées par « différentes langues de bois »[3] et ne peuvent pas prononcer de parole singulière, c'est-à-dire

1. Falk Richter, *Dérangement*, trad. Anne Monfort, www.falkrichter.com.
2. Jean-Louis Perrier, *op. cit.*
3. Jean-Pierre Ryngaert et Julie Sermon, *op. cit.*, p. 80.

parler en leur nom. La plupart apparaissent ainsi comme des néo-sujets qui sont en errance dans le temps, dans l'espace et dans leur discours qui se dépersonnalise. Elles se fondent dans le décor du monde devenu inhumain, comme les jeunes consultants dans *Sous la glace*.

Richter oppose à la langue banale et stérile des sujets « borderline », celle de la folie cauchemardesque où l'inconscient du système se manifeste à ciel ouvert. Cette folie du sujet constitue le porte-voix de la subjectivité qui tente de rompre avec le système congelé, stérile, violent et régi par la massification. Parmi d'autres fragments scéniques, c'est avant tout le discours de la vieille femme qui remplit cette fonction, notamment lorsqu'elle raconte, avec l'enfant, l'histoire de Noël qui tourne au cauchemar, ainsi que ses monologues :

> LA VIEILLE FEMME À LA CLINIQUE *lentement devient folle*. [...] des familles entières passent Noël congelées dans le canal, c'est à cause de moi ? Peut-être que ma solitude a l'effet d'un gros aimant et dirige toutes ces voitures dans le canal ? C'est possible ? Tous sont couchés blessés dans leurs salons ou se vident de leur sang dans le fossé parce qu'ils n'ont pas chopé la sortie, il y a des barres d'immeubles entières cités dans le fossé et ils distribuent des cadeaux.[1]

Dans son délire, la vieille femme pressent que sa catastrophe psychique, sa solitude, précipitent le monde dans la catastrophe. Comme pour Jean Personne dans *Sous la glace*, l'anéantissement du sujet va donc de pair avec l'anéantissement du monde. Si la vieille femme est également envahie et parlée par un autre, ce qui est caractéristique de la psychose, son délire aux thèmes apocalyptiques et mélancoliques rompt avec la banalité du discours ambiant tenu par les figures aux identités

1. Falk Richter, *Dérangement*, *op. cit.*

d'emprunt. La folie du sujet nous révèle ainsi la folie sous-jacente au système.

Une autre figure qui tente de rompre avec la stérilité du discours courant est l'homme qui consulte un psychiatre. *Dérangement* est la seule pièce où Richter introduit cette figure. Mais la consultation psychiatrique apparaît comme un « non-lieu » de la folie, comme un aquarium stérile, car le psychiatre refuse de donner une place à la subjectivité de l'homme qui souffre et qui appelle au secours. Comme Jean Personne, il a perdu ses repères, ne retrouve plus son appartement, et se plaint que sa vie « coule » hors de lui. Le psychiatre lui répond que « tous ceux qui viennent ici disent ça » et qu'il faut qu'il le supporte.[1]

À la dernière scène, cet homme s'adresse à la « clinique de rêve », où se trouvent également d'autres figures des scènes précédentes. La folie du monde a rejoint la folie du sujet : remplie de blessés et de morts, toute la ville est devenue une immense scène apocalyptique et le système est troublé par la folie généralisée. Mais le lecteur ou le spectateur reste dans l'incertitude quant à savoir s'il ne s'agit pas plutôt d'un épisode d'une série télévisée.

À partir de l'entrelacement et de la confusion entre les différents niveaux de la réalité et de la fiction, Richter poursuit son questionnement sur la possibilité d'être authentique aujourd'hui.[2] Il s'interroge également sur la représentation théâtrale comme machine potentielle d'ignorance, du fait du paradoxe qu'elle est elle-même régie par l'hypocrisie – « la mise en scène par des corps vivants des signes de pensées et de sentiments qui ne sont pas les leurs » – tout en cherchant à vouloir la démasquer.[3] Richter bouscule la passivité du spectateur en le plaçant dans la

1. *Ibid.*
2. Dans la scène « coup de fil entre jeunes parents », la mère demande à son ancien compagnon qui est comédien : « Sur scène tu mens aussi comme ça ? »
3. Jacques Rancière, *op. cit.*, p. 60.

situation de devoir sans cesse se demander jusqu'à quel point sa manière de percevoir, de penser et de vivre est modelée par des scénarios qui s'imposent à lui par les médias, mais aussi par le théâtre lui-même[1], et jusqu'à quel point il est parlé comme les figures de ses pièces.

La fin de la pièce laisse apparaître une utopie tout en étant grotesque : en rejouant une scène de théâtre où il s'agit d'une rencontre futile (comme dans la scène avec les deux hommes de *Jeunesse blessée*), l'enfant abandonné console la vieille femme abandonnée dans le lit d'une chambre de la « clinique de rêve ».

> LA VIEILLE FEMME. Embrasse-moi s'il te plaît et...tiens-moi fort, juste un instant
> L'ENFANT. *bref silence* On peut faire tout ça, tout. Mais ça ne veut rien dire.[2]

Ainsi, c'est l'ensemble du système qui s'avère être dérangé : ce qui est abordé dans *Sous la glace* « au niveau de l'idéologie économique d'une manière théorique a atteint dans la pièce *Dérangement* chacun et chaque être humain »[3].

---

1. Dans *Dérangement*, Richter se met en abyme en se citant lui-même, comme dans les scènes où se déroule une répétition de la première nuit blanche de *Jeunesse blessée*.
2. Falk Richter, *Dérangement*, *op. cit.*
3. Aureliana Sorrento, interview de Falk Richter, « Über das Stück *Die Verstörung* », transcription de l'émission du 8 décembre 2005 de *WDR 3*, www.falkrichter.com.

CONCLUSION

Après le parcours à travers cinq pièces de Falk Richter, nous pouvons dégager plusieurs points importants concernant la place de la folie et son lien avec le politique.

Dans ces pièces des années 2000, la folie figure comme une « catastrophe immanente au système » qu'elle dé-range et qu'elle risque de faire effondrer. Richter va à l'encontre de ce qui serait une caricature du « fou » au théâtre. Dans son écriture, la folie apparaît en filigrane et elle s'inscrit dans le morcellement du temps caractérisant les pièces postdramatiques. Elle provoque chez le lecteur ou le spectateur un sentiment d'inquiétante étrangeté car il se rend compte de l'aspect terrifiant de ce qu'il vit quotidiennement. La folie risque de ressurgir au centre même du quotidien d'un monde globalisé. Richter questionne la confusion entre la réalité, la fiction et le virtuel, suscitée dans le système néolibéral où les nouvelles technologies sont omniprésentes. Dans les cinq pièces des années 2000, le délire intervient justement comme une fiction construite par le sujet qui nous fait questionner sur ce qui est notre réalité.

Concernant le rôle politique de la folie, ces pièces peuvent être rapprochées du drame fragmentaire *Woyzeck* de Georg Büchner[1] dans lequel la folie du protagoniste « apparaît comme le pressentiment que le monde s'est vidé de sa substance et qu'une apocalypse est imminente »[2]. Woyzeck est présenté à la fois comme étant soumis aux représentants du système inhumain où il n'a aucune place et comme un objet subissant les voix hallucinatoires qui le traversent. Sa

1. La pièce *Woyzeck* fut publiée en 1879. Büchner l'a écrite probablement en 1836/37.
2. Jean-Louis Besson, *Le Théâtre de Georg Büchner : un jeu de masques*, Belfort, Circé, 2002, p. 295.

folie peut être lue comme une dénonciation d'une société dans laquelle domine le paraître, le jeu de masques des discours creux, notamment celui de la science, qui l'oppriment. Comme Jean Personne dans *Sous la glace*, il est à la merci des voix du système. Le délire et le lyrisme de Woyzeck rompent avec l'émergence du discours de la raison scientifique.

Au niveau de la fonction subversive de la folie comme « menace d'insurrection »[1] de l'ordre du système dominé par la rationalité, Richter renoue également avec le théâtre élisabéthain, notamment celui de Shakespeare. Ainsi, le délire de Lear, en se mettant « en marge des conventions sociales », dit « l'implacable vérité des choses ». Il dénonce les « discours falsifiés » et hypocrites du monde cruel.[2]

Falk Richter introduit la folie avant tout par le discours délirant marqué par une violence et un lyrisme qui rompent avec un autre discours, stérile et banal, celui de l'efficience, caractérisant le système. La visée politique de Richter se traduit donc par la critique de ce discours de l'efficience économique qui produit des effets néfastes au sein du sujet (chez Tom dans *Electronic City* et chez Jean Personne dans *Sous la glace*) ainsi que dans les relations intersubjectives (*dans État d'urgence* et *Jeunesse blessée*). Il atteint la société dans son ensemble dans *Dérangement*.

La folie du sujet en tant que psychose fait irruption dans un système lisse et inhumain où la subjectivité n'a pas de place. Dans *Sous la glace*, Richter rattache la folie également à l'histoire du protagoniste, Jean Personne, qui est marquée par une froideur et une solitude. Le milieu glacial de l'entreprise apparaît comme la suite de son enfance, tandis que dans les autres pièces, les figures semblent dépourvues d'une histoire singulière. Dans *Electronic City*, les tentatives

---

1. Duncan Salkeld, *Madness and drama in the age of Shakespeare*, Manchester University Press, 1993, p. 81.
2. Anne Larue, *Délire et tragédie*, Éditions InterUniversitaires, Mont-de-Marsan, 1995, p. 173.

de Tom et de Joy de se souvenir de leurs histoires échouent en aboutissant dans un flou.

L'effondrement du sujet et l'effondrement du monde vont de pair dans le discours des figures qui délirent. Le délire du sujet dont la coloration mélancolique est souvent au premier plan dépeint un monde de catastrophes, avec des avions qui se crashent, des immeubles qui s'effondrent, des scènes apocalyptiques. Richter y introduit des images liées à la glaciation et à la mort. La reconstruction d'un autre monde dans le délire, d'un monde où le sujet pourrait trouver une place, est entravée.

Dans l'écriture de Richter, la question de la place du sujet et celle de la folie sont étroitement liées. La subjectivité qui a été abolie dans le système semble faire retour sous forme de folie. La folie, celle du sujet, incarnée par les figures ayant ainsi une fonction de porte-voix de la folie, et celle, plus diffuse, du monde, semble indiquer la nécessité vitale de maintenir une incomplétude, une possibilité de faille dans le système : celle de la place du sujet qui s'oppose aux injonctions de l'efficience. Dans *État d'urgence*, cette efficience a été poussée jusqu'à l'extrême dans le système de surveillance paranoïaque de la communauté « Celebration ». Ici, le lieu de la folie comme miroir du creux de l'existence est situé à l'extérieur du système. Mais au fur et à mesure, le fonctionnement paranoïaque finit par ronger l'intérieur.

Les dialogues des figures d'*État d'urgence*, de *Jeunesse blessée* et de *Dérangement* montrent que lorsque la subjectivité est abolie, l'altérité l'est également. Le plus souvent, les dialogues de ces trois pièces ne laissent pas de place à l'autre, car l'échange de parole des figures semble être régi par une « contractualité solitaire »[1]. Ces pièces « néo-dramatiques » se composent principalement de dialogues, mais comme dans la « pièce de conversation » décrite par Peter Szondi, ceux-ci n'engagent plus rien du fait

1. Marc Augé, *op. cit.*, p. 119.

de l'absence d'enjeu, d'un « espace commun »[1] (sauf dans la *première nuit blanche* de *Jeunesse blessée* où les trois figures font référence à un passé de vie commune). Cette écriture est postérieure aux pièces postdramatiques proprement dites, c'est-à-dire l'ensemble des pièces de Richter jusqu'à *Dérangement* qui semble constituer la pièce charnière entre les deux formes d'écriture. Ainsi, ces pièces néo-dramatiques dépeignent la difficulté, voire l'impossibilité, d'un échange du fait de l'infiltration du discours économique au sein des relations intersubjectives. Ici, le discours délirant rompt avec le dialogue et se rapproche du monologue, tandis que dans *Sous la glace* les monologues de Jean Personne s'opposent à ceux des consultants plus jeunes. Dans *Electronic City*, le délire de Tom est désamorcé en le laissant apparaître comme une fiction filmée par l'intervention de voix anonymes. Parfois, la folie du sujet rejoint la folie du monde et se mêle avec elle, comme dans *État d'urgence* et *Dérangement*.

Si la folie apparaît dans l'écriture de plateau de Richter comme un « objet-limite », une menace du système, elle y figure en même temps comme un miroir. Avec son « halo lyrique » elle nous montre, tout en étant grotesque, le creux de l'existence en introduisant des images de mort et de violence, et s'oppose ainsi aux « aquariums stériles » (Foucault) du discours courant régi par la massification médiatique et économique. La folie souligne la nécessité de la faille, du manque dans ce discours lisse par lequel les « néo-sujets » sont parlés davantage qu'ils parlent en leur nom.

Dans le système dépeint par Richter, « la Technomachie n'a pas de visage »[2] et elle s'est infiltrée partout, au niveau du sujet et au niveau du lien avec l'autre. Les victimes et les

1. Peter Szondi, *op. cit.*, p. 74.

2. Edward Bond, *op. cit.*, p. 244. Par le terme « Technomachie » Bond décrit le fait que la technologie soit devenue un danger pour l'homme, car elle implique un régime économique « guerrier ».

coupables tendent souvent à se confondre et ne sont plus identifiables vu la complexité des rouages du système. Richter place sous sa loupe l'efficience : l'idéologie du pouvoir et des élites qui est imposée à tous les autres. Son théâtre marqué par le jeu des contrastes se rapproche du théâtre de l'*agon* dans le sens où l'entend Edward Bond : celui-ci consiste en un combat entre l'humain et l'inhumain dans une situation extrême. L'humain correspond chez Richter à ce lieu de la subjectivité qui est indiqué par la place structurale de la folie qui s'oppose au système stérile. La « lecture symptomale » développée par Althusser permet de considérer la folie dans les pièces de Richter comme un « champ de force » qui vise à changer la situation existante.[1] Bien que la « dystopie » de la folie, avec des scènes grotesques, apocalyptiques et la chute tragique du sujet, y soit au premier plan, Richter nous indique une perspective utopique plus implicite par ce « champ de force révolutionnaire » dans la structure de ses pièces.

1. Benedikt Descourvières, « Der Wahnsinn als Kraftfeld - Eine symptomatische Lektüre zu Georg Büchners Erzählung 'Lenz' », *Weimarer Beiträge*, n. 52, 2006 (2).

BIBLIOGRAPHIE

Les pièces de Falk Richter

Electronic City et *Unter Eis*, in : Falk Richter, *Unter Eis - Stücke*, Fischer Verlag, Francfort, 2005.

Die Verstörung, Im Ausnahmezustand, Verletzte Jugend, My Secret Garden et *Protect Me*, in : *Theater - Texte von und über Falk Richter 2000-2012*, Tectum Verlag, Marburg, 2012.

Traductions françaises

Electronic City et *Sous la glace*, in : Falk Richter, *Hôtel Palestine, Electronic City, Sous la glace, Le Système*, trad. Anne Monfort, L'Arche, 2008.

Dérangement, trad. Anne Monfort, www.falkrichter.com.

État d'urgence, trad. Anne Monfort, www.falkrichter.com.

Jeunesse blessée, manuscrit et trad. Anne Monfort

My Secret Garden, trad. Anne Monfort, L'Arche, 2010.

Autres textes de Falk Richter

Das System - Materialien Gespräche Textfassungen zu 'Unter Eis', Theater der Zeit, Recherchen 22, 2004.

« Si on s'écrase maintenant, on meurt de froid avant même d'atteindre le sol », trad. Anne Monfort, www.falkrichter.com.

« Über *Electronic City* », in : F. Richter, *Unter Eis - Stücke*, Fischer Verlag, 2005, p. 500-501.

« Brecht-Jubiläum - Theater ist wie guter Sex », *Die Welt*, 10/08/2006.

« Autofiction », trad. Anne Monfort, www.falkrichter.com.

« Theater und Politik - was könnte politisches Theater sein in unserer Zeit », www.falkrichter.com.

Entretiens avec Falk Richter

Dürrschmidt, Anja, « Das System wird gestartet », in : F. Richter, *Das System - Materialien Gespräche Textfassungen zu 'Unter Eis'*, Theater der Zeit, Recherchen 22, 2004, p. 50-63.

—, « The world outside is real », *Theater der Zeit*, 10/2001.

Engelhardt, Barbara, « Mettre en scène sous la glace », *Alternatives théâtrales*, n. 100, 2009, p. 19-22.

Gayot, Joëlle, « On est face à une génération politique qui se met en scène de façon théâtrale », *Ubu - scènes d'Europe*, n. 43/44, 2008, p. 72-75.

Jacobs, Michael, entretien avec Falk Richter, le 7 juin 2008, Mainz, www.falkrichter.com.

Le Pollotec Kristel, « Villes-Mondes Berlin : entretien avec Falk Richter », *France Culture*, 16/10/2011.

Perrier, Jean-Louis, « Le système en procès », *Mouvement*, n. 48, 2008, p. 72-75.

Ramming, Stephan, « Theater ist der Ort des freien Gedankens », entretien avec Falk Richter et Schorsch Kamerun, *Die Schweizer Wochenzeitung*, déc. 2001, www.falkrichter.com.

Richter, Falk et Sennett, Richard, « J'ai vécu le Forum Economique Mondial comme une sorte de théâtre », trad. Anne Monfort, *DU-Magazin*, Suisse, www.falkrichter.com.

Richter, Falk et Thieme, Thomas, « Jenseits der Sentimentalität », in : F. Richter, *Das System - Materialien Gespräche Textfassungen zu 'Unter Eis'*, Theater der Zeit, Recherchen 22, 2004, p. 119-130.

Sorrento, Aureliana, interview de Falk Richter, « Über das Stück *Die Verstörung* », transcription de l'émission du 8/12/2005 de *WDR 3*, www.falkrichter.com.

Stegemann, Bernd, « Ein Gespräch mit Falk Richter zu seiner Regieausbildung in Hamburg », Berlin, février 2009, www.falkrichter.com.

Ouvrages, articles et entretiens sur Falk Richter

Béhague, Emmanuel, « Tragique de l'indistinction à l'heure de la new economy », *Alternatives théâtrales*, n. 100, 2009, p. 15-18.

Dürrschmidt, Anja, « Zwischen Kammerspiel und Multimedia », Werk-Stück., *Theater der Zeit, Arbeitsbuch 2003*, p. 138-143.

–, « Vorwort », in : F. Richter, *Das System - Materialien Gespräche Textfassungen zu 'Unter Eis'*, Theater der Zeit, Recherchen 22, 2004, p. 6-9.

–, « Alles eins im Technoland ? Über Texte von Falk Richter und Rainald Goetz », www.falkrichter.com.

Hillje, Jens, « Effizienz ist ja eigentlich was Schönes », entretien avec Anja Dürrschmidt, in : F. Richter, *Das System - Materialien Gespräche Textfassungen zu 'Unter Eis'*, Theater der Zeit, Recherchen 22, 2004, p. 114-118.

Laudenbach, Peter, « Die radikale Geste! Die radikale Geste ! Die radikale Geste! Das System. Über Falk Richters 'Unsere Art zu leben' » in : F. Richter, *Das System - Materialien Gespräche Textfassungen zu 'Unter Eis'*, Theater der Zeit, Recherchen 22, p. 12-22.

–, « Falk Richter über sein neues Stück *Im Ausnahmezustand* an der Schaubühne, über die Paranoia der Mittelschicht und das Leben in einer Gated Community », *TIP*, Berlin, www.falkrichter.com.

Monfort, Anne, « Après le postdramatique : narration et fiction entre écriture de plateau et théâtre néo-dramatique », *Trajectoires*, 3, 2009, http://trajectoires.revues.org/392.

–, « Théâtre et langage cinématographique : correspondance ou superposition des signes ? Autour de quelques dramaturges contemporains : Fritz Kater, Lukas Bärfuss, Falk Richter », in : E. Brender et al. (dir.), *À la croisée des langages. Textes et arts dans les pays de langue allemande*, Presses de la Sorbonne Nouvelle, Paris, 2006, p. 209-218.

–, « 'Sous la glace' de Falk Richter » in : Falk Richter, *Unter Eis / Sous la glace*, trad. Anne Monfort, Presses universitaires du Mirail, Toulouse, 2006, p. 9-26.

–, « 'Analyse und Erkenntnis : das kann nur das Theater' - Théâtre rebelle et mise en perspective de l'actualité chez Falk Richter », in : Christian Klein (dir.), *Théâtre et politique dans l'espace germanophone contemporain*, L'Harmattan, 2009, p. 117-131.

–,.Interview d'Anne Monfort réalisé par Anne Ropers le 27/10/09 à Paris.

Stegemann, Bernd, « Über den Ausnahmezustand », programme de la pièce *Im Ausnahmezustand*, Schaubühne Berlin, 2007, p. 35-37.

Ullmann, Katrin, « Vorwort », in : Falk Richter, *Unter Eis - Stücke*, Fischer Verlag, Francfort, 2005.

Wille, Franz, « Global denken, lokal kämpfen », *Theater heute*, n. 11, 2003, p. 54-57.

Ouvrages et articles divers sur le théâtre

Abirached, Robert, *La Crise du personnage dans le théâtre moderne, Gallimard*, 1994.

Amey, Claude, *Mémoire archaïque de l'art contemporain - littéralité et rituel*, L'Harmattan, 2003.

–, « De l'usage discontinu de l'œuvre d'art », in : C. Amey et J.-P. Olive (dir.) *Fragment, montage-démontage, collage-décollage, la défection de l'œuvre ?*, L'Harmattan, 2004, p. 25-40.

Aristote, *Poétique*, Le Livre de poche, 2002.

Baillet, Florence, *L'Utopie en jeu - critiques de l'utopie dans le théâtre allemand contemporain*, CNRS éditions, 2003.

Banu, Georges, « La langue brute, un effet de réel ? », *Alternatives théâtrales*, n. 94/95, 2007, p. 105-107.

Béhague, Emmanuel, *Le Théâtre dans le réel - formes d'un théâtre politique allemand après la réunification (1990-2000)*, Presses Universitaires de Strasbourg, 2006.

Besson, Jean-Louis, *Le Théâtre de Georg Büchner : un jeu de masques*, Belfort, Circé, 2002.

Biet, Christian, et Triau, Christophe, *Qu'est-ce que le théâtre ?*, Gallimard, 2006.

Bond, Edward, *La Trame cachée*, L'Arche, 2003.

Bougnoux, Daniel, *La Crise de la représentation*, La Découverte, 2006.

Brecht, Bertolt, « Neue Technik der Schauspielkunst », in : Brecht, B., *Gesammelte Werke 15 - Schriften zum Theater I*, Suhrkamp, Francfort, 1968.

Danan, Joseph, *Théâtre de la pensée*, éditions Médianes, Rouen, 1995.

Delhalle, Nancy, « Poétique du réel et théâtre politique », *Alternatives théâtrales*, n. 100, 2009, p. 4-6.

Duvignaud, Jean, *Le Théâtre, et après*, Casterman, 1971.

Larue, Anne, *Délire et tragédie*, Éditions InterUniversitaires, Mont-de-Marsan, 1995.

Lehmann, Hans-Thies, « Just a word on a page and there is a drama - Anmerkungen zum Text im postdramatischen Theater », *Text + Kritik, Sonderband*, 2004, p. 26-33.

–, *Postdramatisches Theater*, Verlag der Autoren, Francfort, 2005.

–, « Man kann von einem Hunger nach Realität sprechen », in : Christian Klein (dir.), *Théâtre et politique dans l'espace germanophone contemporain*, L'Harmattan, 2009, p. 227-244.

Lehmann, Hans-Thies, et Menke, Christoph, « Das Schweigen des Helden », *Theater der Zeit*, mars 2006, p. 10-13.

Mancel, Yannic, « L'entreprise comme personnage », *Alternatives théâtrales*, n. 100, 2009, p. 13-14.

Müller, Heiner, *Hamlet-Machine, Horace, Mauser, Héraclès 5 et autres pièces*, Les Éditions de Minuit, 1985.

Pavis, Patrice, *Dictionnaire du théâtre*, Dunod, 1996.

Rancière, Jacques, *Le Spectateur émancipé*, La Fabrique éditions, 2008.

Ryngaert, Jean-Pierre et Sermon, Julie, *Le Personnage théâtral contemporain*, éditions théâtrales, Montreuil-sous-Bois, 2006.

Salkeld, Duncan, *Madness and drama in the age of Shakespeare*, Manchester University Press, 1993.

Sarrazac, Jean-Pierre, *Théâtres du moi, théâtres du monde*, éditions Médianes, Rouen, 1995.

Sarrazac, Jean-Pierre et al. (dir.), *Lexique du drame moderne et contemporain*, Circé, 2005.

Sforzin, Martine, « Le théâtre de Thomas Bernard : déraison ou rappel à la raison ? », in : Inderwildi, H. et Mazellier, C., *Le théâtre contemporain de langue allemande - Écritures en décalage*, L'Harmattan, 2008, p. 117-128.

Smadja, Isabelle, *La Folie au théâtre*, PUF, 2004.

–, « Folie du moi et/ou folie du monde dans le théâtre contemporain », *Psychologie clinique*, n. 27, 2009/1, p. 63-75.

Szondi, Peter, *Théorie du drame moderne - 1880-1950*, trad. Patrice Pavis, L'Âge d'Homme, Lausanne, 1983.

Truong, Nicolas, « Le théâtre, l'endroit où poser des questions », interview de Thomas Ostermeier, 19/07/2012, www.lemonde.fr.

Ouvrages et articles divers

Augé, Marc, *Non-lieux - introduction à une anthropologie de la surmodernité*, Seuil, 1992.

Barthes, Roland, *Le Bruissement de la langue*, Seuil, 1983.

Chaumon, Franck et Machet, Catherine (dir.), *Inactualité de la folie*, L'Harmattan, 1999.

Chaumon, Franck (dir.), *Délire et construction*, Érès, Ramonville Saint-Agne, 2002.

Chemama, Roland et Vandermersch, Bernard, *Dictionnaire de la psychanalyse*, Larousse, 2007.

Debord, Guy, *La Société du spectacle*, collection folio, Gallimard, 1992.

Descourvières, Benedikt, « Der Wahnsinn als Kraftfeld - Eine symptomatische Lektüre zu Georg Büchners Erzählung 'Lenz' », *Weimarer Beiträge*, n. 52, 2006 (2), p. 203-226.

Didi-Huberman, Georges, *Survivance des lucioles*, Les Éditions de Minuit, 2009.

Dufour, Dany-Robert, *L'Art de réduire les têtes - sur la nouvelle servitude de l'homme libéré à l'ère du capitalisme total*, Denoël, 2003.

—, *Le Divin Marché - La révolution culturelle libérale*, Denoël, 2007.

—, *La Cité perverse - libéralisme et pornographie*, Denoël, 2009.

Foucault, Michel, *Le Pouvoir psychiatrique*, Seuil – Gallimard, 2003.

—, *Histoire de la folie à l'âge classique*, Collection Tel, Gallimard, 2007.

—, « La folie, l'absence d'œuvre », in *Dits et écrits - I. 1954-1975*, Gallimard, 2008, p.448.

Fritz, Jean-Marie, *Le Discours du fou au Moyen Âge*, PUF, 1992.

Gros, Frédéric, *Foucault et la folie*, PUF, 2004.

Guelfi, Julien Daniel et al., *Psychiatrie*, PUF, 1996.

Klemperer, Victor, *LTI - Notizbuch eines Philologen*, Reclam Verlag, Leipzig, 2001.

Lacan, Jacques, *Le Séminaire livre III - Les Psychoses*, Seuil, 1981.

—, *Le Séminaire livre XVII - L'envers de la psychanalyse*, Seuil, 1991.

Lebrun, Jean-Pierre, *La Perversion ordinaire - vivre ensemble sans autrui*, Denoël, 2007.

Postel, Jacques (dir.), *Dictionnaire de psychiatrie et de psychopathologie clinique*, Larousse, 1993.

Rouart, Marie-France, *Les Structures de l'aliénation*, Publibook, 2008.

Sennett, Richard, *Le Travail sans qualités - Les conséquences humaines de la flexibilité*, trad. Pierre-Emmanuel Dauzat, Albin Michel, 2000.

Soler, Colette, *L'Inconscient à ciel ouvert de la psychose*, Presses universitaires du Mirail, Toulouse, 2008.

Stiegler, Bernard, *De la misère symbolique - 1. L'époque hyperindustrielle*, Galilée, 2004.

–, *De la misère symbolique - 2. La* catastrophè *du sensible*, Galilée, 2005.

–, « Contrôle et culture des individus », in : Nicolas Truong (dir.), *Le Théâtre des idées - 50 penseurs pour comprendre le XXI*e *siècle*, Flammarion, 2008, p. 45-55.

Collectif des 39, « Manifeste pour la psychiatrie », www.collectifpsychiatrie.fr.

Sud/Nord (revue), n. 23, « La nuit sécuritaire », Érès, Toulouse, 2009.

TABLE DES MATIÈRES

Théâtre
aux éditions L'Harmattan

Dernières parutions

REGARD (LE) DE LAURENT TERZIEFF
Brunhes Olivier, Téphany Julien
Ce DVD propose deux documentaires inédits sur l'artiste d'exception qu'était Laurent Terzieff. *Laurent Terzieff et compagnie* d'Olivier Brunhes (1996, 26 minutes), montrant Terzieff au travail dans sa mise en scène de *Meurtre dans la cathédrale. Terzieff par lui-même* de Julien Téphany (2011, 38 minutes) nous fait découvrir à travers les archives de l'INA la carrière de ce surdoué qui a décidé de se retirer du monde des stars pour se consacrer à l'essentiel.
(20.00 euros) *ISBN : 978-2-296-56778-8*

CONTRIBUTION D'UNE OUVRIÈRE DU THÉÂTRE AU BONHEUR DU MONDE – Pratique de l'atelier théâtre
Augier-Jeannin Isabelle
Ce livre témoigne d'une expérience théâtrale qui permet à l'auteure de faire un constat : les techniques qu'elle a acquises et expérimentées peuvent contribuer à un mieux-être en société, et individuel. Ces techniques et les témoignages qui leur sont associés constituent un outil précieux pour les « intervenants » (compagnies théâtrales, amateurs ou professionnels, désireux de proposer des ateliers théâtre en parallèle à leurs activités de création), mais aussi pour les « accompagnants » qui ont un projet éducatif et/ou de société : enseignants, éducateurs, coachs...
(39.00 euros, 396 p.)ISBN : 978-2-336-00151-7, ISBN EBOOK : 978-2-296-50712-8

KASSANDRA FUKUSHIMA SUIVI DE PROMÉTHÉE 2071
Pièces librement inspirées d'Eschyle
Jacques Kraemer
Ces deux pièces forment un diptyque dont le point de départ est le théâtre d'Eschyle : Prométhée enchaîné et Agamemnon. La première, Prométhée 2071, est travaillée par la question du réchauffement climatique et des désordres planétaires qui risquent d'en découler. La seconde, Kassandra Fukushima, exprime la hantise d'une articulation du terrorisme mondial au nucléaire militaire et civil.
(Coll. Théâtre des cinq continents, 10 euros, 64 p., juin 2012)
ISBN : 978-2-296-99061-6

L'EFFROYABLE CHANSON DU POÈTE VOYANT
Jean-Pierre Barbier-Jardet
Le message de cette pièce est axé sur la révolte contre la famille, l'Eglise et les despotes. Y figure la révolution de 1870, la Commune, mais aussi la guerre

d'Algérie et les tortures dénoncées dans le livre d'Henri Alleg, La Question. L'auteur retrace la guerre du Viêt Nam, l'Holocauste, la violence carcérale, comme les événements de mai 1968. L'amour y est présent sous sa forme la plus décriée puisqu'il s'agit d'homosexualité.
(Coll. Théâtre des cinq continents, 10,5 euros, 76 p., juin 2012)
ISBN : 978-2-296-97016-8

APPEL À LA FRATERNITÉ
M'envole, me pose, m'abandonne, résistant aux vents violents
Lucette JASON
Si la culture a un socle, celui-ci se trouve dans la diversité de nos réalisations. Cette oeuvre est un appel à la mise en commun de nos ressources pour mener à bien l'éducation des enfants. Cette démarche diminue les frustrations et la «rage», tout en acceptant d'écouter l'autre. Dans un quartier dit «difficile», Michael est défendu par sa mère, prête à résister. Elle se bat mais pense à la conciliation. Ses pas sont alors ceux de l'espoir.
(Coll. Théâtre des cinq continents, 12 euros, 88 p., juin 2012)
ISBN : 978-2-296-99248-1

CEUX DU PÉRIMÈTRE
Jean Larriaga
Ceux du périmètre sont jetés de chez eux sans ménagement, réduits à attendre que soit désactivée la bombe américaine de 500 kilos mise à jour au pied de leur immeuble. Les évacués attribuent à la bombe toutes les significations possibles. L'aîné d'entre eux, mémoire vivante des raids aériens de 1943 à 1944, affirme qu'il n'y en a jamais eu un seul ici. La peur se fera angoisse, le doute l'affirmation d'un châtiment rien que pour eux. Et pourquoi pas nucléaire ?...
(Coll. Théâtre des cinq continents, 12,5 euros, 112 p., juin 2012)
ISBN : 978-2-296-96241-5

CHAPEAU POUR NOTRE ÉPOQUE ! MI LÉPÔK, PAPA !
Pièce en créole et en français
Henri Melon
Nous sommes confrontés aux affres d'une révolution à l'échelle planétaire. Le mardi noir du 11 septembre 2001 est l'un de ses pics, tout comme «la crise». Dans cette pièce, alternativement comique et tragique, l'auteur rejette une troisième guerre mondiale en tant que solution appropriée au problème de l'humanité contemporaine.
(Coll. Théâtre des cinq continents, 12 euros, 96 p., juin 2012)
ISBN : 978-2-296-99312-9

LA PITIÉ DANGEREUSE
D'après le roman de Stefan Zweig
Elodie Menant
1913, dans une ville de garnison autrichienne, le riche M. Kekesfalva organise un bal costumé en l'honneur de sa fille, Edith, paralysée. Lors de cette soirée, la demoiselle rencontre Anton Hofmiller, jeune lieutenant de cavalerie. Pris de compassion pour elle, l'officier lui tient compagnie et les visites se succèdent.

Edith en tombe follement amoureuse. Comment réagir face à cet amour ? Quelles sont les limites et les dangers de la pitié ?
(Coll. Lucernaire, 8 euros, 84 p., juin 2012) *ISBN : 978-2-296-96646-8*

SOUS MA PEAU, LE MANÈGE DU DÉSIR
Geneviève de Kermabon
Ce texte est écrit à partir d'interviews d'anonymes sur le désir amoureux et d'extraits de l'oeuvre de Grisélidis Réal. Grand cirque de la passion, cabaret du sexe, manège du désir, cette pièce explore le fantasme et la réalité amoureuse dans tous ses états. L'Amour... Faire l'amour... et les autres, comment font-ils ? Que se cache-t-il dans ma tête et dans mon ventre, d'inavoué, de trouble, de sulfureux ? Suis-je normale ? Charlotte ne sait pas, Charlotte ne sait plus. Mais qui sait ?
(Coll. Lucernaire, 13,5 euros, 128 p., juin 2012) *ISBN : 978-2-296-96650-5*

LA MAIN INVISIBLE
Sylvie Jopeck
Les Naudin, famille de patrons, reçoivent Bernard Lubinski, directeur délégué de leur société, et sa femme. Dîner burlesque et tragique où entre séduction et humilitaion, se joue la comédie de la finance et de la fortune tandis que la ruse et le mépris manipulent ceux qui croyaient au pouvoir de l'argent. La Main invisible, celle dont l'économiste Adam Smith écrivait qu'elle conduit l'homme à «remplir une fin qui n'entre nullement dans ses intentions» est le théâtre de ce jeu de dupes.
(Coll. Théâtre des cinq continents, 11,5 euros, 92 p., juillet 2012)
ISBN : 978-2-296-99453-9

ELÉGANCE DES NAUFRAGÉS
Bernard Rongier
Un couple. H pour homme, F pour femme. Devant nous, cependant, deux personnages parfaitement individualisés, et comme le commande toute dramaturgie (ou presque), à la fois opposés et complémentaires. Lui mieux armé, plus à même de mener une barque pourtant fort incertaine ; elle plus faible, dépendante, souffrant de quelque obscure pathologie. Des éclopés de la vie, des laissés-pour-compte, certes. Mais puissamment liés par une sorte de tendresse résistante à l'accablement.
(Coll. Théâtre des cinq continents, 10 euros, 68 p., juillet 2012)
ISBN : 978-2-296-99660-1

MADAME DE VILMORIN
Annick Le Goff, Coralie Seyrig
D'après les interviews d'André Parinaud
La pièce, adaptée des entretiens de Louise de Vilmorin et d'André Parinaud, nous fait découvrir une séductrice et une grande amoureuse dotée d'un humour corrosif. Elle met en scène une femme de lettres étonnante qui se souvient de son enfance, des hommes qu'elle a aimés (Saint-Ex, Cocteau, Gallimard, Malraux) et d'un monde aujourd'hui disparu. Elle nous livre ses réflexions sur la littérature et sur la vie qui passe à la lueur d'une bougie et au détour de quelques interludes au piano.
(Coll. Lucernaire, 8,5 euros, 52 p., juillet 2012) *ISBN : 978-2-296-99412-6*

LA PAIX !
Vincent Colin
D'après Aristophane
« Nous autres les Malgaches, petit peuple vaillant vivant à l'écart des grands enjeux planétaires, avons décidé de nous adresser aux dieux pour qu'ils ramènent la paix sur Terre. » Gageons qu'Aristophane, ne serait pas fâché de voir les comédiens de la troupe malgache Landyvolafotsy s'emparer de cette version très libre de sa fameuse comédie. Le père Lagnole, l'un des leurs, s'élève vers l'Olympe, à l'aide d'une machine volante de sa propre confection, pour réclamer aux dieux la restitution ferme et définitive de cette paix qui leur fait tant défaut sur Terre.
(Coll. Lucernaire, 8,5 euros, 68 p., juillet 2012) *ISBN : 978-2-296-99411-9*

TROIS SOLITUDES
D.A.F. de Sade, Marie Lafarge, Josefa Menéndez
Jean-Marie Apostolidès
Trois individus ayant vécu à des moments différents de l'histoire sont arbitrairement réunis dans l'espace abstrait d'une scène de théâtre. Il s'agit du marquis de Sade, de l'écrivain romantique Marie Lafarge et d'une mystérieuse espagnole, cloîtrée dans un couvent de Poitiers, la soeur Josefa Menéndez. Chacun d'eux revit son existence et sa passion, exacerbée en raison de l'enfermement auquel il est soumis. L'excès, le délire et la mauvaise foi caractérisent leurs discours jusqu'au moment où ces trois vies brisées se rejoignent en un chant collectif.
(Coll. Théâtres, 15 euros, 146 p., juillet 2012) *ISBN : 978-2-296-99191-0*

MARELLE
Michel Cornélis
Un soir de noël, Paul et Lucie se retrouvent à minuit face à un cadeau étrange : une marelle dessinée sur le sol et un livre fermé de sept sceaux. Le chemin de la marelle les emmène sur un parcours initiatique parsemé de personnages étonnants. Au gré de leur rencontre, les deux adolescents vont mûrir et tisser des liens très forts afin de découvrir cette vérité détenue par le livre mystérieux.
(Coll. Théâtres, 10 euros, 64 p., juillet 2012) *ISBN : 978-2-296-99657-1*

L'HARMATTAN ITALIA
Via Degli Artisti 15; 10124 Torino
harmattan.italia@gmail.com

L'HARMATTAN HONGRIE
Könyvesbolt ; Kossuth L. u. 14-16
1053 Budapest

L'HARMATTAN KINSHASA
185, avenue Nyangwe
Commune de Lingwala
Kinshasa, R.D. Congo
(00243) 998697603 ou (00243) 999229662

L'HARMATTAN CONGO
67, av. E. P. Lumumba
Bât. – Congo Pharmacie (Bib. Nat.)
BP2874 Brazzaville
harmattan.congo@yahoo.fr

L'HARMATTAN GUINÉE
Almamya Rue KA 028, en face
du restaurant Le Cèdre
OKB agency BP 3470 Conakry
(00224) 657 20 85 08 / 664 28 91 96
harmattanguinee@yahoo.fr

L'HARMATTAN MALI
Rue 73, Porte 536, Niamakoro,
Cité Unicef, Bamako
Tél. 00 (223) 20205724 / +(223) 76378082
poudiougopaul@yahoo.fr
pp.harmattan@gmail.com

L'HARMATTAN CAMEROUN
BP 11486
Face à la SNI, immeuble Don Bosco
Yaoundé
(00237) 99 76 61 66
harmattancam@yahoo.fr

L'HARMATTAN CÔTE D'IVOIRE
Résidence Karl / cité des arts
Abidjan-Cocody 03 BP 1588 Abidjan 03
(00225) 05 77 87 31
etien_nda@yahoo.fr

L'HARMATTAN BURKINA
Penou Achille Some
Ouagadougou
(+226) 70 26 88 27

L'HARMATTAN SÉNÉGAL
10 VDN en face Mermoz, après le pont de Fann
BP 45034 Dakar Fann
33 825 98 58 / 33 860 9858
senharmattan@gmail.com / senlibraire@gmail.com
www.harmattansenegal.com

L'HARMATTAN BÉNIN
ISOR-BENIN
01 BP 359 COTONOU-RP
Quartier Gbèdjromèdé,
Rue Agbélenco, Lot 1247 I
Tél : 00 229 21 32 53 79
christian_dablaka123@yahoo.fr

654207 - Mai 2016
Achevé d'imprimer par